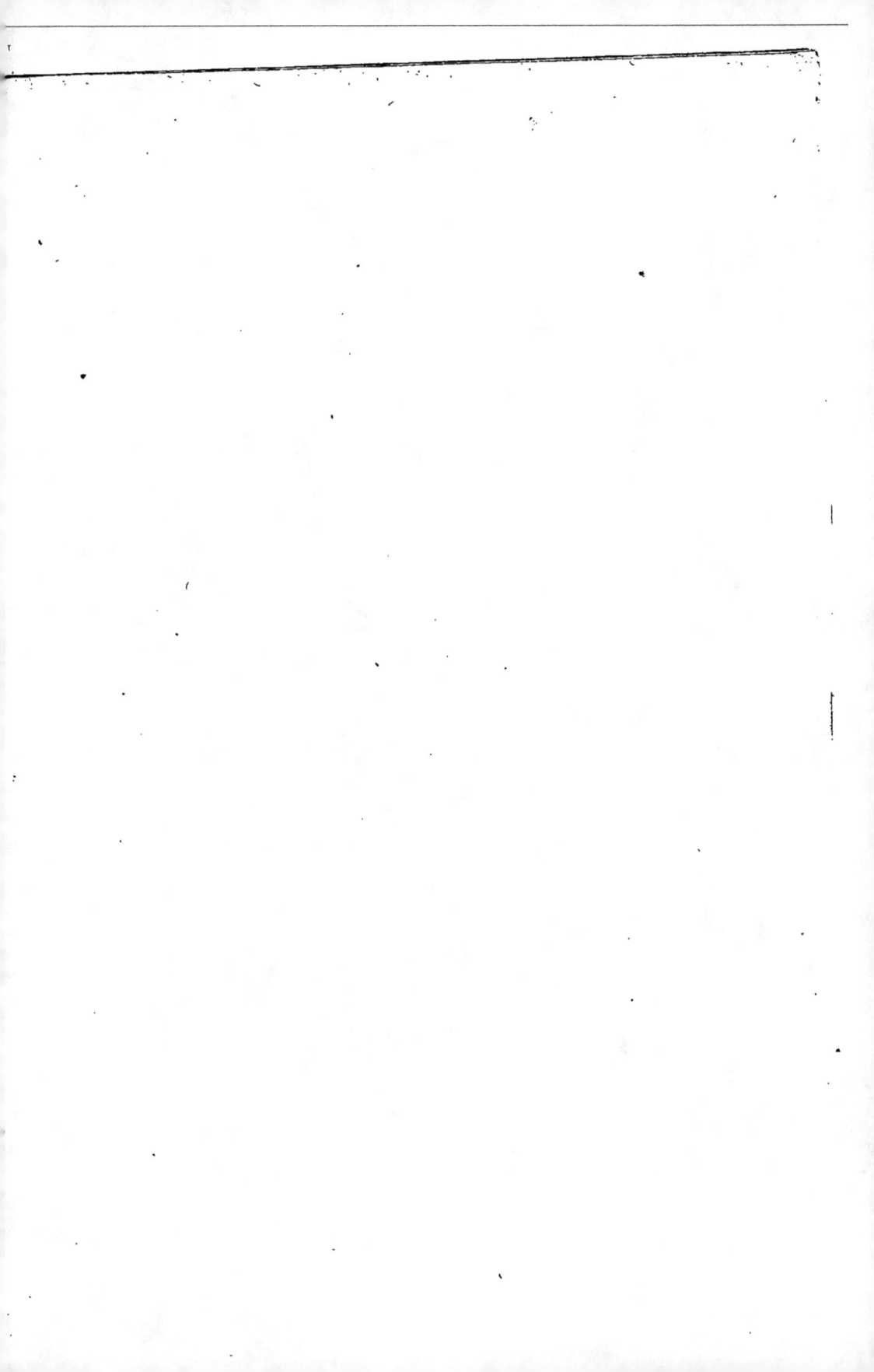

TABLEAU

HISTORIQUE ET RAISONNÉ

DES GUERRES

DE NAPOLÉON BUONAPARTE.

TABLEAU

HISTORIQUE ET RAISONNÉ

DES GUERRES

DE NAPOLÉON BUONAPARTE,

DE LEURS CAUSES ET DE LEURS EFFETS.

PAR M. MICHAUD DE VILLETTE.

A PARIS,

CHEZ MICHAUD FRÈRES, LIBRAIRES,

RUE DES BONS-ENFANTS, N°. 34.

DE L'IMPRIMERIE DE L. G. MICHAUD,

IMPRIMEUR DU ROI.

M. DCCC. XIV.

AVIS PRÉLIMINAIRE.

Je m'étais d'abord proposé de ne publier cet ouvrage que lorsqu'il serait achevé; mais l'impossibilité où je me trouve de lui consacrer tout le temps qu'il exige, la difficulté de me procurer assez promptement les renseignements et les matériaux nécessaires, retarderaient de plusieurs mois cette publication. Je ne peux me dissimuler que ce retard lui ferait perdre une grande partie de son intérêt : et, bien que j'aye peu considéré les circonstances actuelles dans un sujet aussi éminemment historique et aussi digne de la postérité, je ne puis me flatter de lui avoir donné une empreinte durable; je n'ose espérer qu'il survive à la foule des productions que les derniers événements ont fait éclore.

Pour être lu, je dois donc me hâter de faire connaître la partie de mon travail qui se trouve prête. Je ne négligerai rien pour que la suite paraisse avec célérité; et elle sera publiée successivement, par parties, ou par livres de la même étendue que celui-ci.

On trouvera peut-être succincts, et même incomplets, quelques-uns de mes récits; mais je prie le lecteur de se rappeler que ce n'est qu'un *tableau* que je me suis proposé de présenter, et qu'ainsi je n'ai dû peindre que les masses les plus frappantes.

Je prie aussi le lecteur de considérer que si je m'é-

★

carte quelquefois du fil de l'histoire par des dissertations et des rapprochements, c'est parce que j'ai voulu faire un *tableau raisonné*.

D'autres se chargeront de l'histoire méthodique et complète de tous ces événements; d'autres pourront se flatter de les transmettre à la postérité : j'aime à croire que mon ouvrage ne leur sera pas inutile.

C'est surtout aux militaires qu'il est destiné; c'est à leur estime qu'aspire un de leurs anciens compagnons d'armes; c'est à leur examen et à leur approbation qu'il soumet le fruit d'une expérience de quelques campagnes, le résultat de ses observations de plusieurs années.

Si mes jugements et mes opinions ne sont pas approuvés de tous les lecteurs, je puis au moins assurer qu'aucune haine, aucun intérêt particulier n'ont dirigé ma plume, et que je n'ai considéré, ainsi qu'il est aisé de le voir, que le bonheur et la prospérité de la France, l'honneur et la gloire de ses armées.

TABLEAU

HISTORIQUE ET RAISONNÉ

DES GUERRES

DE NAPOLÉON BUONAPARTE.

———※———

LIVRE Ier.

Début de Buonaparte dans la carrière des armes. — Journée du 13 vendémiaire an IV (11 octobre 1795). Campagnes d'Italie en 1796 et en 1797. — Paix de Campo-Formio. — Son retour à Paris. — Départ pour l'Égypte.

C'EST par la guerre que Buonaparte s'est élevé, c'est par la guerre qu'il a régné, et c'est par la guerre qu'il est tombé. Il tenait tout de cet horrible fléau ; il a tout fait, tout sacrifié pour le perpétuer. C'est donc sous le rapport de la guerre que l'on doit surtout le considérer, si l'on veut bien connaître les causes et les effets de sa puissance. Ses défenseurs ne répondent

*

aux accusations portées contre lui, qu'en parlant de sa gloire militaire. Il faut donc apprécier cette gloire à sa juste valeur; il faut surtout en examiner les résultats, et faire connaître l'influence qu'eurent les exploits de cet homme extraordinaire sur la destinée des peuples et des armées.

Une grande partie des faits qui peuvent éclairer sur ce point sont restés dans l'ombre, ils sont encore ignorés des hommes les plus intéressés à les connaître. C'est à cette ignorance que l'on doit sans doute attribuer les préventions dans lesquelles quelques personnes restent encore. Chaque jour apporte de nouvelles lumières, et chaque jour vient dissiper quelques erreurs. Le seul but de cet ouvrage est d'ajouter à la masse de ces lumières; il sera assez utile s'il contribue à découvrir quelques vérités méconnues, s'il peut éclairer quelques hommes trompés par des mensonges et de faux rapports. Tous les faits que j'ai à indiquer sont d'une exactitude incontestable, et je ne les ai puisés que dans des sources authentiques. Cependant ils auront, pour la plus grande partie des lecteurs, tout l'attrait de la nouveauté : tant la tyrannie a fait d'efforts pour qu'on ignorât ce qu'il lui importait de cacher ! tant ces efforts ont eu le succès qu'elle en attendait !

Je ne tirerai de ces faits que les conséquences les plus évidentes, et s'il arrive que la conduite de Buonaparte soit digne de quelques éloges, je ne refuserai point de lui rendre la justice qu'il mérite. Quand il en sera autrement, je n'exprimerai pas toute l'indignation que j'ai éprouvée, et je ferai tous mes efforts pour conserver, dans une discussion aussi grave, le calme et la modération qu'exige son importance.

Napoléon Buonaparte fut destiné dès son enfance à servir dans l'artillerie. Toutes ses études se dirigèrent vers ce but. Il y obtint d'assez grands succès, et, comme tout ce qui a rapport à cette arme est une des parties les plus importantes de l'art militaire, il entra dans la carrière avec de grands avantages.

Il était lieutenant-colonel au siége de Toulon, en 1793; il y commanda l'artillerie et se distingua dans différentes occasions. Dugommier parle de lui avec éloge dans l'un de ses rapports. Mais c'était encore plus par les démonstrations d'un grand enthousiasme révolutionnaire que par des services réels qu'il cherchait à obtenir de l'avancement.

Les commissaires de la convention, Robespierre le jeune et Fréron, qui l'avaient deviné, le chargèrent de l'épouvantable massacre des malheureux Toulonais, et il s'acquitta de cette mission avec un zèle qui aurait fait trembler pour l'avenir, si l'on eût pu imaginer que l'homme qui commençait sa carrière par être le bourreau de ses concitoyens, disposerait un jour de l'existence de tant de millions d'hommes (1).

Il n'est que trop vrai qu'une pareille conduite était alors le plus sûr moyen de parvenir ; elle valut à Buonaparte toutes les distinctions auxquelles sa vanité pouvait aspirer dans de pareilles circonstances. Il se signala encore à la même époque par d'autres infamies révolutionnaires, et il s'était acquis une telle réputation dans ce genre, que, lorsqu'après le 9 thermidor la convention donna elle-même le signal des vengeances contre les auteurs de ces

---

(1) La lettre dans laquelle Buonaparte rend compte de ces horribles massacres, est une pièce véritablement historique, et qui doit être consignée dans cet ouvrage:

« Citoyens représentants, c'est du champ de bataille, » marchant dans le sang des traîtres, que je vous annonce avec joie que vos ordres sont exécutés, et que » la France est vengée. Ni l'âge ni le sexe n'ont été épargnés; ceux qui avaient seulement été blessés par le canon républicain, ont été dépêchés par le glaive de la » liberté, et par la baïonnette de l'égalité.

Salut et admiration! *Signé* BRUTUS BUONAPARTE, *citoyen sans-culotte.*

atrocités, il fut un des premiers *terroristes* sur lesquels dut s'exercer la vindicte publique.

Le comité de salut public le destitua, et le député Beffroy ordonna son arrestation (1).

Après un emprisonnement de quelques mois, Buonaparte accourut dans la capitale, où il se réunit à la foule des hommes de son parti qui vinrent alors y cacher leur honte, se soustraire à la fureur publique, et ourdir de nouvelles trames.

Il vécut long-temps ignoré et dans la plus vile débauche, réclamant en vain un emploi (2).

---

(1) Quoique le député Beffroy ait cherché depuis à rejeter sur ses collégues de mission les reproches qui lui ont été faits relativement à cet acte d'autorité et de justice, il n'a échappé au ressentiment de l'usurpateur qu'en se tenant dans l'obscurité. On a même attribué, avec raison, à l'esprit de vengeance les persécutions qu'a éprouvées le Cousin Jacques, auteur dramatique, qui était le frère de Beffroy.

(2) Aubry, qui dirigeait alors les affaires militaires de la convention, avait fait prononcer la destitution de Buonaparte; il ne voulut jamais consentir à lui rendre son emploi. Cet acte de fermeté, auquel il n'avait sans doute pas mis une grande importance, lui fut souvent reproché dans la suite; et on n'a pas cessé de l'accuser d'avoir voulu priver la France des services d'un aussi grand homme, jusqu'à ce que, condamné à la déportation de

Ce fut alors que, désespérant de rien obtenir en France, il sollicita la permission de passer en Turquie, où son imagination lui montrait des aventures à courir. L'histoire remarquera sans doute que, dans cette circonstance, il eut déjà un point de ressemblance avec Cromwell, qui, se trouvant dans une situation à peu près semblable, avait en vain sollicité la permission de se rendre en Amérique.

Enfin, Barras le prit sous sa protection et lui fit donner le commandement de l'armée conventionnelle destinée à combattre les Parisiens. Cette armée était composée d'un petit nombre de troupes de ligne qui ignoraient ce qu'on allait exiger d'elles, et d'un nombre beaucoup plus considérable de membres des comités révolutionnaires, de *terroristes* et d'*égorgeurs* venus de tous les points de la France. Ce fut au milieu d'une telle légion que Buonaparte parut sur la scène, et qu'il se prépara de nouveau à diriger ses coups sur des Français. Cette fois au moins ce ne fut pas sur des hommes désarmés; toute la population de Paris avait pris les armes pour renverser la tyrannie de la convention, et cette assemblée allait peut-

---

fructidor, il soit allé expier cet irrémissible tort dans les déserts de Sinamary.

être expier tant de crimes impunis! Mais Buonaparte et les siens avaient trop de raisons de
redouter l'instant de la vengeance; la convention et ses dignes satellites furent animés ce
jour-là par le courage de la peur; Buonaparte disposa avec beaucoup d'adresse son artillerie; et en peu de temps il parvint à dissiper
cette multitude indécise, sans chef et sans
direction; mais ce ne fut pas sans effusion
de sang, comme l'ont dit ses vils flatteurs,
qu'il obtint ce triomphe (1).

C'est de cette trop fameuse journée que date
véritablement l'histoire militaire de Buonaparte. Les conventionnels, dans les transports
de leur reconnaissance, le firent nommer com-

---

(1) Ces flatteurs ont dit qu'il avait disposé ses canons
de manière à épargner l'effusion du sang; ils ont même
prétendu que les canonniers avaient reçu ordre de tirer
en l'air : les militaires savent si de pareils arrangements
sont possibles, et à présent que l'ame de Buonaparte est
mieux connue, on doit voir si tant d'humanité pouvait y
entrer ! D'ailleurs ce combat s'est donné sous les yeux
de toute la capitale; et chacun de ses habitants a pu compter le nombre des victimes; le pavé des rues en fut jon-
ché pendant deux jours; et tous les murs voisins du champ
de bataille sont restés long-temps empreints des coups
de la mitraille et de la mousqueterie conventionnelle.

mandant de Paris ; bientôt après, il épousa la
veuve du général Beauharnais, et il reçut pour
dot le commandement de l'armée d'Italie. Son
protecteur Barras, alors tout puissant dans le
directoire, lui fit donner ce commandement, et
le destina ainsi à conduire la plus grande entreprise qui pût être formée à cette époque.

La paix venait d'être conclue avec la Prusse
et l'Espagne ; la Vendée était entièrement sou-
mise, et, sur le continent, l'Autriche seule,
avec quelques puissances du second ordre, restait armée contre la république française. L'empereur d'Allemagne pouvait encore mettre en
campagne deux cent mille hommes, mais la
ligue d'opérations des Autrichiens était immense, elle s'étendait depuis la Hollande jusqu'à la méditerranée. La France pouvait aisé-
ment les attaquer avec trois cent mille hommes de vieilles troupes bien aguerries, et for-
mées par les Dumouriez, les Pichegru, les Kléber, les Moreau, les Dugommier. Cette armée
avait encore à sa disposition la plus grande partie des moyens immenses créés par le fameux
comité de salut public. Ce comité avait ordonné de grands crimes sans doute, et il avait
causé de grands désastres ; mais il avait donné
aux armées françaises une impulsion formida-
ble, et l'on ne peut nier qu'il n'eût préparé

ious les succès qu'elles ont obtenus dans la
suite.

Les travaux de l'agriculture avaient langui,
le commerce avait entièrement disparu, les
biens nationaux étaient dévorés pour la plus
grande partie, et la planche des assignats s'é-
tait brisée dans les mains des fabricateurs;
mais les dépouilles et le sang de tant de victimes avaient été convertis en poudre et en canons; les magasins et les arsenaux étaient
pleins d'armes et de munitions de guerre; il
n'y avait plus que du fer et du salpêtre dans un
pays naguères si riche et si florissant; mais ce
fer était dans les mains d'un million de soldats
courageux; et par lui les richesses des autres
peuples devaient bientôt leur appartenir.

Telle avait été la situation de la France, sous
le gouvernement du comité de salut public, et
telle elle était encore à peu de choses près, lorsque Buonaparte, ainsi qu'une comète, pour
me servir de l'expression du général Dumouriez,
parut à la tête de l'armée d'Italie. Cette armée
venait d'être renforcée par un grand nombre de
troupes que la paix avec l'Espagne et la fin
des guerres intérieures avaient rendues dis-
ponibles; et déjà elle avait obtenu à Loano,
sous les ordres de Schérer, un avantage important. Le nouveau général, à peine âgé de

vingt-six ans, n'ayant jamais commandé un régiment en ligne, se trouve tout d'un coup placé à la tête de soixante mille hommes ; il est chargé des plus grandes entreprises. Une tâche aussi difficile ne l'effraya pas ; et il faut avouer que, dans cette campagne véritablement glorieuse pour les armes françaises, il alla au-delà de ce que l'on aurait pu attendre du général le plus expérimenté.

L'armée française, campée sur d'arides rochers, avait beaucoup souffert ; depuis long-temps elle était sans habits, sans souliers, et souvent sans pain. Comme Annibal, Buonaparte du haut des Alpes montra à ses soldats les plaines d'Italie, et il leur dit : « Ces contrées vous appartiennent : c'est là que vous trouverez tout ce dont vous avez besoin. »

Ce fut donc à cette époque qu'on vit pour la première fois les armées se mettre en campagne sans effets de campement, sans magasin de vivres et même sans équipages, sans hôpitaux et sans ambulances. Cette nouvelle manière de faire la guerre, si funeste pour les pays que parcourent les armées, si destructive pour les armées elles-mêmes, et surtout si contraire au droit des gens et à toutes les lois de l'humanité, avait alors des inconvénients moins graves parce que les armées étaient moins nom-

breuses. Nous en verrons plus tard les épouvan-
tables résultats, lorsque cinq ou six cent mille
hommes se trouveront en présence, parcou-
rant dans tous les sens un pays ruiné et dé-
vasté.

Dès le début de cette campagne, Buonaparte
gagna en quinze jours trois combats importants
et trois grandes batailles; il déploya, surtout
dans celle de Millesimo, des combinaisons auxquelles on n'était pas accoutumé à cette époque.
Un corps ennemi, commandé par le général
Proveyra, fut tourné, entouré par des mouvements rapides, et obligé de capituler après
une belle défense.

Buonaparte débouchant ensuite rapidement
par la vallée du Tanaro, et profitant de la faute
qu'avait commise le général autrichien en ne
liant pas assez ses opérations à celles des Pié-
montais, sépara pour toujours les deux armées alliées. Ce fut ainsi que le roi de Sardaigne, resté sans appui avec une armée faible
et découragée, se voyant menacé d'un siége
dans sa capitale, signa une capitulation qui le
laissa à la discrétion du vainqueur.

L'armée autrichienne, n'ayant plus d'autre
allié que le roi de Naples, se trouvant réduite
à une grande infériorité de forces, ne put défendre le passage du Pô, ni celui de l'Adda; et

tout le Milanais fut bientôt au pouvoir des Français.

Ainsi l'Italie, qui jusque là n'avait offert en quelque sorte qu'un épisode à la guerre générale, en devint le théâtre le plus actif ; et l'Autriche, qui semblait n'avoir rien à craindre dans cette partie de ses immenses possessions, y éprouva tout à coup les pertes les plus considérables, et dut concevoir pour cette contrée les plus vives alarmes.

On ne peut douter que le plan de cette soudaine invasion n'eût été formé au sein du gouvernement où se trouvaient des hommes déjà célèbres par de grandes conceptions. Il est même certain que Buonaparte reçut, en partant de Paris, les ordres les plus positifs et les instructions les plus détaillées ; mais ce qui n'avait pu lui être prescrit, c'est l'ordre de ses marches et les dispositions de ses attaques ; la direction de ses colonnes, tantôt portées à tous les débouchés, y présentant des têtes menaçantes, tantôt réunies avec rapidité sur un seul point, et accablant de tout leurs poids un corps isolé ; toujours en marche et en action, harcelant, coupant, et écrasant ainsi successivement les différents corps de l'armée ennemie. Telle est cette guerre de mouvements dont Buonaparte a été proclamé l'inventeur, et qui lui a

si bien réussi, jusqu'à ce que des hommes
attentifs aient deviné son secret et sa méthode;
jusqu'à ce que ses ennemis, après lui avoir
long-temps résisté avec tant de sagesse et de
constance, aient enfin trouvé dans l'intégrité
et même dans l'accroissement de leurs forces,
la récompense des ménagements avec lesquels
ils en avaient usé; tandis que lui-même, épuisé
par tant de vaines marches et tant de combats
inutiles, a dû succomber devant des armées
innombrables et conduites selon les principes
invariables de la véritable tactique.

Ce fut presque toujours ainsi par des marches forcées et par des mouvements imprévus
que Buonaparte, réunissant tout à coup sur un
point des forces nombreuses, obtint ses succès
les plus importants. Il a dit quelquefois à ses
soldats qu'il aimait mieux remporter des victoires *avec le secours de leurs jambes qu'au
prix de leur sang.* Nous verrons plus tard comment il a suivi cette maxime. Ce qu'il y a de
sûr, et ce qui n'est que trop démontré par l'expérience de tant d'expéditions qu'il a lui-même
dirigées selon ses principes, c'est que cette
guerre de colonnes et de mouvements est la
plus destructive qui puisse être faite; parce
qu'indépendamment de l'effet beaucoup plus
meurtrier de l'artillerie sur des colonnes ser-

rées que sur des lignes déployées, l'expérience
a fait connaître que l'excès des fatigues fait
périr encore plus d'hommes que le feu de l'artillerie et de la mousqueterie, et il est évident
que ces attaques de postes sans cesse réitérées,
ces marches et ces combats renouvelés chaque
jour, ne peuvent que prolonger la guerre, et
qu'ils la rendent beaucoup plus sanglante.

C'est de cette manière sans doute que, selon
ce qu'a dit le grand Frédéric, la victoire reste à
celui qui a *le dernier homme et le dernier écu.*
Tant que Buonaparte disposa à son gré de toute
la fortune et de toute la population de la France,
tant que ce malheureux pays ne fut pas entièrement épuisé d'hommes et d'argent, il devait
être invincible. Lorsque deux cent mille hommes avaient péri par ses ordres, il revenait à la
charge avec trois cent mille autres combattants, et lorsque ces trois cent mille combattants avaient succombé à leur tour, il arrachait
encore à leurs familles un pareil nombre de
victimes! C'est ainsi que, pendant dix-huit ans,
il a prodigué la fortune et le sang des Français; c'est ainsi qu'il a dévoré les générations,
et qu'anticipant même sur la réproduction des
hommes, il a fait périr par les armes des ado-
lescents qui pouvaient à peine les porter; jusqu'à ce qu'enfin l'Europe entière, réunie par
le besoin de résister à son ambition et à son des-

potisme, l'ait surpris au moment où il avait
épuisé ses réserves et ses dernières ressources
dans des expéditions lointaines et de folles entreprises, et que, profitant de cet épuisement,
ses ennemis l'aient attaqué et vaincu avec des
forces et des ressources bien supérieures aux
siennes, mais qui n'étaient cependant pas encore *leur dernier homme ni leur dernier écu.*

Quoiqu'on ait dit que Buonaparte a le premier donné l'exemple de ces mouvements de
colonnes rapides et de ces changements de direction imprévus qui ont tant contribué à ses
succès, il est bien vrai que Fréderic eut souvent recours à cette méthode, et qu'elle lui fut
surtout très utile à Rosbach, à Leuthen et à
Liegnitz; mais, beaucoup plus borné dans ses
moyens, le roi de Prusse ne put employer ce
système de guerre, ni aussi souvent, ni d'une
manière aussi étendue que Buonaparte. Plus tac-
ticien que le général français, il aima mieux
décider le sort d'une campagne par des manœuvres, par une guerre de positions, et quelquefois par de grandes batailles, où il savait si
bien déployer et diriger ses lignes; mais cette
guerre de manœuvres, de lignes et de positions,
cette guerre des Turenne, des Villars et des
Moreau, Buonaparte ne sut jamais la faire: elle
n'était ni dans son caractère, ni dans la nature

de son talent. Vain et emporté, voulant tout
enlever de haute lutte, ce fut toujours par
le chemin le plus court, quoi qu'il dût en
coûter aux siens, qu'il voulut aller à la victoire. Poussant sans ménagement des colonnes
serrées sur des batteries, sur des retranchements; faisant même attaquer ces batteries et
ces retranchements par des escadrons, soute-
nant ces attaques par de nouvelles troupes,
lorsque les premières avaient succombé; harcelant, épuisant ainsi son ennemi, le tâtant,
l'essayant en tous sens, revenant sans cesse à
la charge, et, prodiguant le sang de ses soldats
sans prévoyance comme sans nécessité, il a
presque toujours triomphé de la modération et
de la prudence, par la fureur et l'obstination.

Qu'on mette à côté de cette tactique sangui-
naire, digne des siècles d'Alaric et d'Attila,
les prudentes et habiles manœuvres de Turenne; qu'on lui compare surtout la campagne
de 1675, où ce grand homme trouva dans
Montécuculli un rival digne de son génie.
Toute cette belle campagne se passa en marches savantes, en positions et en manœuvres
véritablement habiles ; c'est le comble de l'art,
et l'éternelle école de la véritable guerre ; mais
ces marches et ces manœuvres ont peu d'éclat
aux yeux de la multitude ; le canon se faisait

rarement entendre, et l'on ne comptait point alors chaque jour par milliers le nombre des blessés et des morts!

Cette digression sur la tactique de Buonaparte, m'a entraîné un peu loin du récit de ses batailles; mais elle était nécessaire à l'intelligence de plusieurs faits, et elle me dispensera, dans la suite de cet ouvrage, de beaucoup d'explications qu'elle rend inutiles.

J'ai dit que la défection du roi de Sardaigne, devenue inévitable par la retraite des Autrichiens, avait ouvert les portes de la Lombardie à l'armée française. Le 18 mai, cette armée passa le Pô à Plaisance, sans obstacle; et le 21 du même mois, elle passa l'Adda sur le pont de Lodi, sous le feu de toute l'armée autrichienne, et après avoir essuyé de grandes pertes par l'effet d'une attaque imprudente et faite contre tous les principes de la guerre. Avec un peu de patience et de sagesse, il eût été facile de tourner la position de l'ennemi, qui avait une arrière-garde dans la ville, d'où il fallut d'abord le déloger. Cette arrière-garde, pressée par des forces supérieures, se retira sur la rive droite par un pont très étroit; et vint se mettre sous la protection de trente pièces de canons et de toute l'armée autrichienne en bataille armée, dans une position inexpug-

nable pour tout autre armée que pour l'armée française, et qui eût certainement été ju-
gée telle par tout autre général que par Buonaparte; mais il n'était pas homme à hésiter quand
il ne s'agissait que de la perte de quelques milliers d'hommes. Il fut à Lodi ce qu'il a été dans
toute sa carrière militaire ; et il aurait pu écrire
au directoire après cette victoire tant vantée,
comme à Mojaisck (1) : « La position de l'en-
» nemi était belle et forte; il eût été facile de
» manœuvrer et de l'obliger à l'évacuer, *mais*
» *cela aurait remis la partie.* » Et parce que
la partie ne fut pas remise, parce que le
général ne voulut pas faire une manœuvre
qui demandait vingt-quatre heures de plus,
soixante mille hommes périrent le lendemain
sur les rives de la Moskwa, de la même manière que, quinze ans auparavant, douze
mille étaient morts sous les murs de Lodi! De
tels faits, d'aussi atroces rapports, n'ont pas
besoin de commentaire.

A Lodi, rien n'eût été plus facile que d'é-
tablir un pont sur un autre point, de trouver un gué (2) ou quelque autre moyen de tra-

(1) Bulletin du 10 septembre 1812.

(2) D'après le rapport officiel la cavalerie française
passa l'Adda à un gué très près de Lodi, et quoique ce
rapport garde le silence à cet égard, il est sûr que quel-

verser une rivière qui n'est ni large ni profonde;
mais le général en chef n'eût point eu de rapport emphatique à faire, il n'eût pas écrit au
directoire que *sa terrible colonne de grena-
diers avait semé de tous côtés l'épouvante et
la mort.* Toutes ces belles descriptions n'auraient pas eu lieu, si l'on eût attiré l'ennemi
d'un autre côté, afin de lui faire quitter une
position où il était bien loin sans doute de croire
qu'il serait attaqué.

C'est sur cette même rivière de l'Adda, que
le duc de Vendôme avait su arrêter le prince Eugène en 1705 par une marche habile, qui le plaça
devant l'armée impériale au moment où cette armée allait passer le fleuve sur un pont qu'elle venait de construire. Vendôme n'eut que le temps
de disposer ses batteries en feux croisés, de la
même manière que Beaulieu en 1796. Le prince
Eugène après avoir fait quelques efforts inutiles,
aima mieux renoncer au passage que de sacri-
fier ses soldats comme un vil bétail, ou comme
une troupe de brigands dont la vie ne doit pas
être comptée.

Si le général Beaulieu eût bien connu toute
l'audace de son rival, ou plutôt s'il eût pu sa-

---

ques colonnes d'infanterie traversèrent le fleuve de la
même manière au moment du combat sans la moindre
difficulté.

voir à quel point ce général méprisait l'existence de ses soldats, il aurait eu dans la ville
une arrière-garde plus nombreuse, et il eût
commencé par y offrir à l'armée française une
résistance qui aurait au moins arrêté sa première fougue, car s'il commit une faute, ce
fut de ne laisser dans cette ville que deux escadrons et un bataillon. Il est évident que
si Lodi eût été défendu par un corps plus nombreux, les Autrichiens auraient eu le temps de
couper le pont au besoin, ou de mettre le feu
à la ville (1) en cas de retraite; et dans tous les
cas, ils se ménageaient l'avantage de manœuvrer sur les deux rives. Ainsi, ce n'est pas d'a-
voir manqué de couper le pont qu'il faut les accuser, c'est au contraire de ne pas s'être mis
à même de s'en servir. Toutes les dispositions
de Beaulieu indiquent qu'il voulait tirer avantage de sa position; et que, loin d'y redouter
une bataille, il s'était arrangé pour l'y recevoir.
Ce calcul n'avait rien que de raisonnable; mais
l'armée autrichienne, qui se trouvait dans une
si belle position, ne fit pas son devoir, et l'ar-

---

(1) Ce moyen de couvrir une retraite est bien cruel sans
doute, mais il est consacré par les terribles lois de la
guerre, et Buonaparte en a donné de nombreux exemples, même en France, dans la dernière campagne.

mée française qui l'y attaqua avec tant de témérité, fît le sien au delà de tout ce que devait
attendre son imprudent général. Elle jugea
mieux que lui des dangers de l'entreprise, car
les troupes eurent un moment d'hésitation;
mais le devoir et la valeur reprirent bientôt
leur empire; à l'exemple de leurs généraux,
elles traversèrent le pont au pas de charge en
colonne serrée, et après avoir essuyé les dé-
charges de mitraille les plus meurtrières, en-
levèrent les batteries croisées qui défendaient
ce redoutable passage (1). L'armée ennemie,

---

(1) C'est à ce passage de l'Adda que l'on rapporte le
trait de courage personnel le plus remarquable qu'ait
donné Buonaparte. Il conduisit lui-même, sous une
grêle de mitraille, deux pièces d'artillerie à la tête
du pont, afin que l'ennemi n'essayât pas de le couper. On a prétendu qu'il trouva le secret de faire cesser
momentanément ce terrible feu, en agitant un drapeau où
la couleur blanche dominait; je suis loin de donner
cette circonstance comme certaine, et je ne doute pas
qu'un homme aussi vain, aussi ambitieux que Buonaparte, ne se soit quelquefois décidé à affronter la mort
pour parvenir à l'exécution de ses desseins; il est même
prouvé par le témoignage des militaires qui ont servi
sous ses ordres, qu'il s'est toujours assez bien montré
lorsqu'il a été victorieux, et lorsque toutes les chances
ont été en sa faveur, mais que jamais il n'a donné des

frappée de tant d'audace, recula d'épouvante ; son centre fut rompu par les premiers
bataillons qui purent se former, et protégée

---

preuves de vrai courage, de ce courage qui se montre
dans les retraites et les revers, de ce courage enfin
qui distingue les vrais braves. Tout le monde sait
comment il a fui en Egypte, à Saint-Cloud, en Espagne et en Russie; tout le monde connaît la lâcheté
qu'il a montrée aux derniers moments de sa puissance. « Dans trois mois, avait-il dit, l'ennemi sera
» hors de France, ou je serai mort. » Pendant ces trois
mois, il a livré vingt batailles, il a fait périr deux
cent mille hommes, il a vu sa puissance s'écrouler jour
par jour, ses ennemis ont occupé sa capitale, son armée
réduite à la dernière extrémité a été environnée de toutes
parts; enfin il a dû perdre tout espoir; et toute la France,
ses soldats eux-mêmes attendaient qu'il terminât du
moins avec honneur une existence qu'il ne peut plus dé-
sormais traîner que dans la honte et le remords. Hé bien!
il a encore une fois trompé tous les calculs; et, comme
l'a dit avec une si noble énergie l'un de ses lieutenants,
après avoir fait périr tant de millions d'hommes, il n'a
pas su mourir en soldat; il a mieux aimé traverser la
France au milieu des huées et des imprécations de tous
les habitants; il a tremblé devant ce peuple qu'il foulait
aux pieds avec tant d'insolence, et il est allé cacher sa
honte et son infamie dans une île obscure, dans le lieu
même où il envoyait en exil les victimes de sa tyrannie!

par la cavalerie napolitaine, elle alla se mettre
à couvert sous les murs de Mantoue.

Dans son rapport sur le passage de l'Adda,
Buonaparte ne dit rien des pertes de son armée;
cependant il les indique assez par la phrase
suivante : « Quoique depuis le commencement
» de la campagne nous ayions eu des affaires
» très chaudes, et qu'il ait fallu que l'armée de
» la république payât souvent d'audace, au-
» cune cependant n'approche du terrible pas-
» sage du pont de Lodi. » Ce langage me semble assez clair dans la bouche de celui qui
dès-lors avait pris le ton de forfanterie qui l'a
toujours distingué. Dans la suite du même récit, il représente les *débris* de l'armée autrichienne fuyant au travers des états de Venise.
Un mois après, ces *débris* lui livrèrent encore
des batailles sanglantes; mais lorsqu'il en rendit compte la France ne pensait déjà plus à ses
mensonges, et sans doute il les avait oubliés
lui-même.

Dans un de ses rapports précédents, il avait
écrit au directoire à l'occasion du passage du
Pô exécuté à Plaisance, tandis que les Autrichiens étaient à Pavie dans des retranchements
inattaquables : « Beaulieu a pu se convaincre
» que les républicains français *ne sont pas si*
» *ineptes que.François I*er. » Cette ridicule in-

sulte à la mémoire de l'un des rois de France les
plus braves et les plus spirituels est d'autant
plus gratuite, qu'il n'y a pas la moindre ressemblance entre la bataille de Pavie où Fran-
çois 1er. fut fait prisonnier en combattant vail-
lamment contre une nombreuse armée, et le
passage du Pô, où Buonaparte n'eut affaire,
d'après son propre rapport, qu'à deux escadrons de hussards; mais il n'en mérita que plus
d'éloges pour avoir profité de la faute de Beaulieu, qui n'avait pas su porter ses forces où
elles étaient réellement nécessaires. Si Buonaparte se fût conduit de la même manière au
pont de Lodi, il eût tout aussi bien exécuté
le passage de l'Adda, et il eût conservé huit
mille braves à la France!

L'armée française entra à Milan le 26 mai 1796,
et dès-lors toute la Lombardie fut en son pouvoir. Tous les autres états d'Italie tremblaient
à son approche, et il n'y avait réellement plus
d'obstacles à lui opposer. Dans le même temps,
Moreau et Jourdan pénétraient en Allemagne,
et déjà l'Autriche craignait pour sa capitale.
Si le directoire eût alors voulu bien sincère-
ment la paix, et qu'il eût senti la nécessité de
donner à la France un repos dont elle avait
déjà grand besoin, on ne peut pas douter que
l'empereur n'y eût souscrit, et que la France

n'eût obtenu de grands avantages ; mais comment Buonaparte aurait-il consenti à s'arrêter dès le début de sa carrière ? Les directeurs avaient à peine commencé leur plan de *régénération universelle ;* et l'idée de la conquête du monde venait d'entrer dans le cerveau de leur général. D'ailleurs la France épuisée ne pouvait plus entretenir un aussi grand nombre de soldats ; et puisque son gouvernement ne voulait point faire de réformes, de peur de se dépopulariser dans l'armée, puisqu'il ne voulait pas rendre à leurs travaux et à leurs familles tant d'hommes qui en avaient été arrachés par la violence, il fallait bien que la république continuât à porter la guerre chez ses voisins ; il fallait bien qu'elle attaquât encore d'autres peuples qui pussent fournir aux besoins de ses soldats, et qu'elle envahît des contrées où *la guerre pût être nourrie par la guerre.*

La *régénération* commença en Lombardie par le massacre de deux à trois mille habitants de Binasco, de Pavie et de Milan, insurgés contre l'armée française. Les rapports officiels ne font pas mention d'un seul Français qui soit tombé sous les coups de ces insurgés ; mais, selon ces rapports, *ils avaient essayé d'abattre un arbre de liberté, ils avaient foulé aux pieds la cocarde nationale ; les nobles avaient renvoyé leurs domestiques; ils avaient répandu que les Anglais étaient à Nice; que l'armée de Condé arrivait par la Suisse,* etc. On sait de combien de meurtres et de confiscations ces accusations bannales avaient été le prétexte sur tous les points de la France. Il en fut de même en Lombardie; et en même temps qu'il faisait fusiller les *révoltés*, les *partisans de l'Autriche* et les *fanatiques*, le général français complétait dans les caisses publiques et particulières, dans les monts-de-piété et les églises, une somme de vingt-un millions qu'il avait demandée, et dont la levée avait d'abord éprouvé quelques obstacles; mais ces obstacles eurent bientôt disparu devant des raisonnements aussi péremptoires.

Buonaparte écrivit au directoire qu'il avait avait été *douloureusement affecté* du spectacle des villages qu'on avait brûlés; et deux mois après avoir éprouvé cette douleur, il fit exécuter par un de ses lieutenants le sac de Lugo, qui paya bien cher la mort de cinq dragons français tombés dans une embuscade de paysans. Cette malheureuse ville fut livrée au pillage, tous ses habitants furent massacrés, et, deux jours après, leurs dépouilles furent mises à l'encan dans la place publique de Bologne.

Ce traitement barbare fut suivi d'une procla-

mation républicaine, qu'il est curieux aujour-
d'hui de comparer avec les exhortations d'une
fureur impuissante, qui voulut naguère porter
tous les Français à se révolter contre les armées alliées. En 1796, le conquérant de l'Italie déclare aux habitants de cette contrée que
quiconque sera convaincu *d'avoir tiré un coup
de fusil, sera fusillé et sa maison brûlée;* on
vient de voir qu'il ne s'en tint pas à des déclarations. En 1814, l'empereur des Français ordon-
ne, sous peine de mort, à tous ses sujets, de
s'armer de fusils, de piques et de fourches. «Si
» vous ne savez pas combattre, disent à de
» crédules paysans d'indignes administrateurs,
» sachez qu'on tire sur un homme de la même
» manière que sur un loup (1). »

D'autres agents de la tyrannie disent aux
Français : « Attaquez les hommes isolés, sur-
» prenez les blessés, les malades, *coupez les
» jarrets des chevaux* (2). »

Dans le besoin de sauver sa personne, n'ayant
pas d'autre but, pas d'autre pensée, le tyran

----

(1) Proclamation du préfet de l'Oise, de mars 1814.

(2) Tout cela est extrait du *Journal de l'Empire,* où
l'on sait qu'il ne s'imprimait rien alors sans ordre : ainsi
toutes ces atroces exhortations étaient réellement offi-
cielles.

3

va plus loin; il veut compromettre toute la
France avec les armées étrangères; il veut attirer sur elle la vengeance de ses ennemis, et il
est le délateur de ses propres sujets. Ses bul-
letins mensongers indiquent les villes, les maisons d'où sont partis les coups qu'il a ordon-
nés (1). Il sait que les armées étrangères
peuvent rentrer le lendemain dans ces mal-
heureuses villes, et que les lois de la guerre per-
mettent, exigent peut-être même la ruine et la
mort de ceux qui les ont ainsi violées!.... Mais
qu'importe, si le tyran peut se sauver, s'il
peut affermir sa puissance, que ce soit sur
du sang et des larmes! Il va même se servir encore perfidement de ces désastres, qu'il
aura si indignement, si cruellement provoqués!
« Voyez le sort qui vous menace, dira-t-il aux
» habitants des contrées qui ne sont pas en-
» core envahies, si vous ne vous défendez, si
» vous attendez que les barbares viennent
» vous égorger et vous incendier, etc. »

Mais ces *barbares* n'étaient pas les ennemis
des Français, ils étaient ceux de Napoléon, et
ils ont méprisé ses injures. Ils connaissaient
tout l'excès de sa tyrannie, et leur but était

___

(1) Bulletin de la bataille de Montereau, du 21 février 1814.

d'en délivrer l'Europe. Grâces soient donc rendues à ces souverains magnanimes qui nous
ont traités en alliés, quand ils pouvaient user
envers nous de tous les droits du vainqueur; et
qui nous ont donné la paix, quand ils pouvaient
achever la ruine et l'anéantissement de notre
malheureuse patrie !

On trouverait encore dans la conduite de
Buonaparte un grand nombre de contradictions
semblables. Ses injures adressées aux princes
de la maison d'Autriche, qui voulaient défendre Vienne en 1809, comparées aux ordres qu'il
donna à son frère Joseph en 1814 pour la défense de Paris, n'en sont pas un des exemples
les moins frappants; mais l'indignité de sa conduite à cette époque a besoin d'être caracté-
risée plus au long, et je ne dois pas anticiper
sur les événements.

Vers le temps où Buonaparte ordonnait la
destruction de Lugo, il prenait des mesures à
peu près semblables à Arquata, à Tortone;
il déclarait aux habitants de Vérone, que « si le
» roi de France n'eût évacué leur ville, il eût
» mis le feu à une cité assez audacieuse pour se
» croire la capitale de l'empire français (1). »

_____

(1) Le sénat de Venise était loin d'avoir mérité tant
de colère de la part du général républicain : car dès qu'il

3..

Cette menace ne décèle pas seulement les projets éloignés et la secrète envie de l'usurpateur, on y voit encore assez clairement le parti qu'il se proposait de tirer contre les Vénitiens du tort que ces républicains avaient eu de donner asile à un roi malheureux.

En attendant qu'il fût à même de s'expliquer plus clairement envers les Vénitiens, Buonaparte exploitait les duchés de Parme et de Mo-

---

avait vu les Français s'approcher, il s'était hâté de faire dire au malheureux prince de s'éloigner de son territoire. Ce fut alors que le roi de France répondit, avec tant de dignité, qu'on eût à lui apporter le *livre d'or* pour y rayer le nom de sa famille, et à lui remettre l'épée dont son aïeul Henri IV avait fait présent à la république. Pour toute réponse les sénateurs demandèrent au prince une somme de douze millions qu'ils prétendirent que leur république avait autrefois prêtée à Henri IV. Après cette réclamation, plus digne d'un prêteur sur gages que d'un sénat indépendant, le prince fut obligé de s'éloigner. Il se rendit à l'armée de son cousin le prince de Condé, sur les bords du Rhin, où il servit comme simple volontaire. On sait comment Sa Majesté fut encore obligée de s'éloigner de ce poste de l'honneur, et sa correspondance avec le commandant de l'armée autrichienne, publiée depuis long-temps en Europe, a fait assez connaître les efforts qu'il fit pour se soustraire à ces nouvelles indignités.

dène; et ces deux états étaient obligés de signer
un traité de paix sans avoir fait la guerre, le
premier en donnant dix millions, et le second
à peu près moitié de cette somme. Moyennant
cette rançon, ils obtinrent l'un et l'autre d'être
traités comme états neutres; et l'on va voir ce
que c'était que la neutralité avec Buonaparte.

Dès l'année précédente, le grand-duc de Toscane avait, le premier de tous les souverains,
reconnu la république et signé avec elle un
traité de paix. Le voisinage de l'armée française ne devait en conséquence lui donner aucune inquiétude, et ses peuples crurent pouvoir se livrer avec sécurité à leur commerce ma-
ritime. Mais Buonaparte ne voulait pas laisser à
l'Italie le spectacle d'un peuple heureux d'avoir
échappé à sa domination, et les richesses de la
Toscane étaient d'ailleurs trop faites pour ten-
ter son ambition et sa cupidité. Il envoya une
de ses divisions vers les états de l'Église, et
lorsqu'il fut assuré de saisir sa proie sans qu'elle
pût lui échapper, il fit changer brusquement
la direction de cette troupe. Déjà elle avait pénétré dans Livourne, déjà le gouverneur de cette
ville était arrêté comme partisan de l'Angleterre; déjà l'on saisissait au nom de la France,
comme propriété des Anglais, les marchandises
et les capitaux du commerce toscan; lorsque le

grand-duc reçut du général français la déclara-
tion suivante : « Le pavillon de la république est
» insulté dans le port de Livourne.... Votre al-
» tesse est dans l'impossibilité de réprimer les
» Anglais (1). Le directoire m'a ordonné de
» prendre possession de Livourne.... »

Après un aussi étrange abus de la force,
Buonaparte alla dîner chez le grand-duc à Flo-
rence. Il se fit apporter au dessert la nouvelle
de la prise du château de Milan ; et, lisant tout
haut sa dépêche, il dit au prince en se frottant
les mains : « C'était la seule place que l'empe-
» reur, votre frère, eût encore en Lombardie. »
Quelques mois après il exigea deux millions
pour l'entretien des troupes qui *protégeaient*
le commerce toscan contre les Anglais.

---

(1) Buonaparte, devenu empereur, s'est conduit d'a-
près les mêmes principes, envers les états qu'il a voulu
envahir ; et c'est aussi *parce qu'ils n'étaient pas assez forts
pour résister* aux ennemis que lui-même leur avait susci-
tés, qu'il a successivement usurpé les royaumes de Naples, d'Espagne, de Portugal, les états de l'Eglise, les
villes anséatiques, etc. Il voulait même, en 1812, par un
semblable raisonnement, aller jusqu'à St.-Pétersbourg ; et
il dit assez clairement dans ses déclarations publiques de
cette époque, que le commerce russe avait besoin d'être
protégé par sa puissance contre le despotisme des Anglais.

On crut qu'il allait appesantir bien plus for-
tement encore son bras de fer sur le pape et sur
les états de l'Église : cette présomption était
d'autant plus fondée, que, dès le commencement, il s'était montré l'un des révolutionnaires les plus acharnés contre la religion ; qu'il
n'avait laissé échapper aucune occasion de
déclamer dans le pathos philosophique de ce
temps-là, contre *les prêtres, la superstition et
le fanatisme.* Il avait même voulu qu'à son
entrée à Milan, le mépris qu'il portait à toutes
les idées religieuses fût signalé par une farce
de la dernière indécence. C'était par ses ordres
que les comédiens de cette ville avaient placé
le pape dans une pantomime où le Saint-Père fut
exposé aux regards du public, orné de tous les
ornements pontificaux, se livrant aux plus
absurdes et aux plus ridicules propos (1). Cette
conduite ne devait laisser aucun doute sur le

(1) M^r. L. F., maître des ballets au grand théâtre de
Milan, qui avait été contraint par les plus violentes menaces de composer cette pièce scandaleuse, fut obligé
de s'éloigner de Milan en 1799, lorsque la Lombardie
rentra sous le pouvoir de son souverain. Il vint se réfu-
gier à Paris, où il mena long-temps une vie malheureuse. Contraint enfin d'invoquer la protection de celui
qui avait été la première cause de ses malheurs, il s'a-
dressa à Buonaparte, devenu premier consul ; mais
Buonaparte avait alors changé de masque, il affichait la

projet de *républicaniser* la capitale du monde chrétien. Ce projet avait d'ailleurs été annoncé encore plus clairement, s'il se peut, dans une proclamation de Buonaparte à ses soldats : « Nous sommes amis de tous les peuples, » leur avait-il dit au moment de leur entrée en » Italie, et plus particulièrement des descen- » dants des Brutus, des Scipion et des grands » hommes que nous avons pris pour modèles. » Rétablir le capitole, y placer avec honneur » les statues des héros qui le rendirent célèbre, » réveiller le peuple romain engourdi par plu- » sieurs siècles d'esclavage, tel sera le fruit » de vos victoires. »

Ce mouvement d'éloquence républicaine était assurément beaucoup plus clair qu'il n'eût fallu pour la tranquillité de la cour de Rome. Au

---

piété, et il venait de signer avec le pape le fameux concordat. La demande de M^r. L. F. lui rappela l'ordre qu'il avait donné de sa main en 1796 ; sentant le fâcheux effet que pouvait avoir la connaissance d'une pareille pièce, il la fit demander à Mr L. F., qui se hâta de la livrer, bien persuadé qu'il allait recevoir en échange un faible secours dont il avait le plus urgent besoin. Mais après avoir long-temps vainement attendu ce secours, le pauvre comédien finit par s'apercevoir qu'il avait affaire à un jongleur plus rusé que lui, et il sentit qu'une plus longue importunité pourrait bien lui coûter la liberté et peut-être la vie.

milieu de la consternation où le sacré collége
fut plongé, aucun sacrifice ne lui parut trop
grand s'il pouvait conjurer l'orage. Un armis-
tice de quelques mois fut acheté par les plus
beaux tableaux, les plus belles statues qui se
trouvèrent à Rome, par la cession d'Ancône,
de Bologne, de Ferrare, et par le paiement de
vingt-un millions d'argent.

Le roi de Naples, qui avait conçu les
mêmes craintes, acheta quelques mois de tranquillité par de pareils sacrifices. Ainsi le S.-Père
et Sa Majesté Sicilienne eurent encore quelques
jours de répit, et ce ne fut que huit mois
après ce premier arrangement que Buonaparte,
n'ayant plus d'autres états à ravager, porta
de nouveau ses regards sur le domaine de
S. Pierre. Il publia alors la correspondance
interceptée d'un cardinal, et, après ce prétexte
banal de rupture, il dirigea un corps d'armée
vers la Romagne, afin, écrivait-il au directoire,
d'imposer à la cour de Rome. Le trésor de
Notre-Dame de Lorette fut la première proie
dont se saisirent les républicains. Buonaparte
garda pour lui et ses lieutenants deux ou trois
millions en argent, et il envoya au directoire
la Madone de bois, pour égayer la théophilan-
tropie de Lareveillère-Lépeaux (1).

_____

(1) Il est assez remarquable que cette *Madone* ait été

Les troupes du pape, bien qu'elles fussent commandées par le général Colli, qui avait été envoyé à Rome par la cour de Vienne, ne purent faire une longue résistance, et Sa Sainteté fut une seconde fois obligée d'acheter la paix par une somme de douze millions ajoutée à la première, dont il n'avait pas encore été possible de payer plus de la moitié (1). Il fallut y ajouter de nouveaux objets d'arts, et quelques autres villes des états de l'Église, qui furent livrées au vainqueur. Au moyen de ces nouveaux sacrifices, le pape put encore s'endormir pendant six mois.

Ainsi fut terminée une diversion qui pouvait avoir de grands résultats, et sur laquelle l'Autriche avait réellement dû compter.

Du reste, Buonaparte traitait le pape avec des égards fort extraordinaires à cette époque; et ce fut un assez plaisant spectacle que de voir à Paris le directoire se répandre en injures con-

---

renvoyée au pape par Buonaparte lui-même à l'époque du concordat en 1802. On pense bien qu'il ne renvoya ni l'argenterie, ni l'argent qui avaient été pris. Le Saint-Père reçut la *Madone* toute nue, et elle fut remise à sa place.

(1) La somme de douze millions que l'on demanda alors au pape, formait la totalité de son revenu d'une année dans les meilleurs temps.

tre la *superstition* et le *fanatisme*, faire arrêter les prêtres, les déporter, les persécuter de
mille manières, tandis que son général assurait
le S.-Père de son *respect* et de sa *vénération*,
qu'il recevait avec *humilité* sa bénédiction apos-
tolique, et qu'il prenait ouvertement sous sa
protection les prêtres réfractaires qui se trouvèrent en Italie.

Ce n'était pas le seul point sur lequel Buonaparte fût peu d'accord avec lui-même et
avec son gouvernement. Renversant ou fon-
dant les puissances à son gré, tandis que d'un
côté il excitait les habitants du Milanais à
se révolter contre leur souverain pour se
constituer en république, d'un autre côté il
tourmentait et fatiguait les citoyens de la
république de Venise pour en faire des sujets
de l'Autriche; partout il levait des contributions excessives et se livrait aux concussions les
plus arbitraires (1). Les calculs les plus modé-

_____

(1) Le cardinal Fesch, arrivant à Rome en 1803,
comme ambassadeur, donnait encore en présent à ceux
qui venaient le complimenter, des boîtes d'or qu'il avait
reçues en contribution, lorsqu'il était l'instrument des
rapines de son neveu; et ceux-là même qui avaient livré
ces boîtes comme contributions de guerre, vinrent les
recevoir ensuite comme un témoignage de la munifi-
cence française!

rés ont porté à quarante millions le produit
de ses rapines particulières (1). Déjà il avait
été dénoncé au directoire et aux conseils lé-
gislatifs; mais le directoire, qui avait lui-
même tant contribué à l'élévation de son général, commençait à en avoir peur, et les conseils
étaient trop occupés de leur propre sûreté,
pour donner de la suite à une pareille affaire. Il
n'aurait cependant que trop suffi de ces plain-
tes et de ces dénonciations pour perdre un général qui n'eût pas été victorieux : car, dans
cette république de modernes Spartiates, il
importait peu, pour être à la tête des armées,
que l'on fût honnête homme, il fallait par des-
sus tout que l'on sût remporter des victoires.

Celles de Buonaparte semblèrent un instant
toucher à leur terme, et les murmures augmen-
tèrent. On voit, dans sa correspondance de cette
époque, qu'il se plaignit d'être *en butte à l'en-*

---

(1) Cette évaluation, faite par Mallet du Pan, qui se
trouvait alors en Suisse, à portée d'observer les opérations de Buonaparte, fut publiée dans un journal de Paris (*la Quotidienne*). Le général fit tout pour se venger
de cette injure; et peu de temps après, le journaliste fut
contraint de quitter la Suisse, sa patrie, qui déjà était
obligée, malgré sa neutralité, d'obéir aux sommations
du directoire.

vie ; mais toutes les clameurs allaient être
étouffées par de nouveaux chants de victoire.

L'éloignement des différentes contrées que
Buonaparte avait fait successivement occuper
par ses troupes, et les nombreuses garnisons
restées dans les places conquises, diminuaient
de beaucoup son armée principale ; et cependant cette armée devait en même temps faire
le siége de Mantoue et occuper une ligne immense pour le couvrir, depuis le lac d'Iseo jusqu'à Salo, à la droite du lac de Garda ; et à sa
gauche, depuis Garda jusqu'à Porto-Legnago.
Une telle ligne, dans un pays coupé en tous
sens par des lacs, des canaux et des rivières,
ne pouvait réellement pas être défendue devant
une armée beaucoup plus nombreuse, et que
l'on portait à soixante mille hommes. Cette armée s'avançait sur les deux rives du lac de
Garda, sous les ordres de Wurmser ; et Buonaparte dut voir alors qu'il avait fait une faute,
en occupant avec cinquante mille hommes une
position qui ne pouvait être défendue avec
moins de cent mille combattants.

L'armée autrichienne s'empara le 29 juillet,
sans obstacle, de la Corona, à la gauche du lac,
et de Salo à sa droite ; le lendemain, elle occupa
Vérone et Brescia, et l'armée française se trouva
ainsi placée entre deux corps ennemis, dont cha-

cun lui était supérieur en forces. Ce fut alors que son chef montra réellement une grande présence d'esprit et une admirable rapidité dans le coup-d'œil. Il voit à l'instant tous les dangers de sa position, et sent que, s'il ne peut espérer de battre toutes les forces ennemies quand elles seront réunies, il doit au moins se flatter de leur défaite en les attaquant séparément avec d'excellentes troupes et des généraux aussi habiles que courageux. Il fallait assurément compter sur tous ces avantages pour exécuter un pareil plan. Buonaparte prend donc aussitôt cette résolution : il repasse le Mincio, et lève brusquement le siége de Mantoue, sans s'inquiéter des secours que cette place pourra se procurer en vivres et en munitions ; il abandonne même cent quarante bouches à feu dans les tranchées ; tombe sur le corps autrichien qui avait pénétré par Salo jusqu'à Brescia, et après plusieurs combats très vifs, dont les résultats furent souvent indécis, il le défait complètement à Lonado et à Montechiaro. Mais il s'en fallait encore de beaucoup que le but le plus important de l'opération fût rempli, et ce n'était pas du corps le plus nombreux de l'armée ennemie que les Français avaient triomphé.

Le centre de cette armée avait obtenu des

succès assez remarquables sur le général Masséna, dont l'avant-garde avait été enveloppée.
L'artillerie de cette avant-garde avait été prise
et le commandant fait prisonnier de guerre.
L'ennemi poursuivait ce premier succès avec
ardeur ; mais il commit la faute bien grave de
trop étendre ses ailes. Aussitôt Buonaparte
forme deux colonnes d'infanterie et dirige ses
plus grands efforts sur le centre, si impru-
demment affaibli par le prolongement des
ailes, parvient à l'enfoncer, et prend ensuite
en flanc les deux ailes qui sont dispersées.
Ainsi fut gagnée la bataille de Castiglione par
une manœuvre fort simple, mais qui exige une
grande présence d'esprit, puisqu'elle consiste
à profiter des fautes de l'ennemi. C'est par les
mêmes moyens que Buonaparte gagna, dix
ans plus tard, la bataille d'Austerlitz.

Alors fut repoussée dans ses premières positions, et réduite de plus de moitié, toute cette
armée, la plus belle que l'Autriche eût encore
eue en Italie ; elle avait perdu en six jours dix
mille hommes morts sur le champ de bataille,
vingt mille prisonniers et quatre-vingts pièces
de canon.

Cette opération est admirable dans tous ses
points ; l'armée française montra une activité
dans les marches, un courage sur le champ de

bataille au-dessus de tout éloge ; et elle fut di-
rigée avec une habileté fort extraordinaire
dans un jeune homme au début de sa carrière. Quelques - unes de ses victoires ont ensuite jeté un plus grand éclat : celles qu'il a ob-
tenues depuis sa toute-puissance ont surtout
été beaucoup plus vantées; mais celle-là est,
sans aucun doute, pour les gens de l'art, le
plus beau trophée de toute sa longue carrière
militaire. C'est la seule fois qu'il ait fait de
grandes choses avec de petits moyens; et c'est
dans cette occasion seulement que sa tactique
a eu quelques rapports avec celle du grand Frédéric. C'est aussi cette expédition que le général Jomini a rapprochée avec le plus de vérité
et d'exactitude des grandes manœuvres du roi
de Prusse.

Ce fut à la suite de cette brillante opération,
que Buonaparte, n'ayant auprès de lui que
douze cents hommes et se trouvant enveloppé
par quatre mille Autrichiens, fit croire au
commandant de ce corps qu'il était au milieu
de toute son armée, et le détermina à capituler
au moment où il devait lui-même être son prisonnier, s'il ne fût ainsi parvenu à le tromper
et à l'intimider.

Sans doute, il faut blâmer Buonaparte de
s'être placé, comme il l'a fait tant de fois, dans

une position où sa destinée et celle de son armée tout entière a dépendu d'un mouvement ou de la moindre de ces circonstances dont on n'est jamais maître à la guerre. S'il eût alors perdu un seul des nombreux combats qu'il fut obligé de livrer, si une seule de ses divisions eût succombé, il était à jamais renversé. L'Italie semblait prête à se soulever, et en France on répandait mille bruits fâcheux sur le sort d'une armée en effet très compromise; mais ce sont des chances qu'il faut courir quelquefois à la guerre : les plus aventureux sont ceux dont les exploits ont été le plus vantés, et la prévoyance et la sagesse ne sont pas toujours les plus sûrs moyens de triompher.

Les succès que Buonaparte obtint ensuite dans les gorges de la Brenta et du Tirol ne sont pas moins remarquables : ce fut là qu'il put encore mettre en pratique avec de grands avantages sa guerre de colonnes et de mouvements. L'armée autrichienne lui opposa en plusieurs endroits, et surtout à Trente, à Roveredo, à Bassano une résistance opiniâtre, dont il triompha par le courage, la fatigue et le sang de ses soldats, encore plus que par son habileté. De son côté, Wurmser montra aussi du courage et de l'activité : il avait réuni, par des secours venus d'Allemagne et de l'intérieur de

l'Autriche, une armée de quarante mille
hommes ; mais il ne sut pas deviner la méthode
de son adversaire ; il ne comprit rien à ses mou-
vements continuels, à ses crochets, à ses changements de direction imprévus ; et Buonaparte,
par ses marches forcées et ses attaques soudaines, tourna, entoura plusieurs fois les divisions
autrichiennes, et les obligea successivement
à mettre bas les armes, avant que leur général
eût fait aucune disposition pour s'y opposer.
Le vieux maréchal fut même surpris deux fois
jusque dans son quartier-général, et peu s'en
fallut qu'il ne tombât dans les mains des Français. Enfin, se trouvant isolé avec un corps de
douze mille hommes, entre la Brenta et l'Adige,
coupé de Trieste, n'ayant plus de retraite
que sur les états de Venise ou sur Mantoue,
il se dirigea vers cette dernière ville. Il n'y
parvint que par la négligence ou la méprise de
deux postes français, et après avoir perdu encore un tiers de sa colonne.

Buonaparte, obligé de porter toutes ses
forces contre l'armée autrichienne, et n'ayant
plus d'artillerie de siége, s'était borné devant
Mantoue à un simple blocus. Le corps qui formait ce blocus n'osait pas s'approcher de la
place défendue par une nombreuse garnison,
et où l'on n'avait aucun besoin du renfort amené

par Wurmser. Ainsi, en se jetant dans cette place pour sortir d'une position désespérée, ce général devait en accélérer la reddition, en augmentant la consommation des vivres, plus qu'il ne pouvait la retarder par un secours d'hommes absolument inutile.

Cette augmentation de forces donna cependant au blocus une autre marche et un plus grand mouvement. Les assiégés étaient devenus plus nombreux que les assiégeants, et ceux-ci pouvaient d'autant moins reprendre leur supériorité, qu'une nouvelle armée autrichienne avait remplacé celle de Wurmser dans le Tirol, et que cette armée forte de cinquante mille hommes, sous les ordres d'Alvinzy, s'avançait encore une fois par les mêmes débouchés, avec tous les moyens de s'ouvrir un passage.

Buonaparte avait aussi reçu de nombreux renforts, mais il avait fait des pertes considérables dans un si grand nombre de combats, où la victoire avait été disputée avec tant d'opiniâtreté. Depuis huit mois la *dépense d'hommes* était fort grande de part et d'autre; et il s'en fallait beaucoup que le terme de ces maux fût arrivé. L'armée française avait encore de grands efforts à faire avant la prise de Mantoue; et son général allait trouver encore plus d'une occasion de se montrer aussi actif, aussi ardent et surtout aussi prodigue de sang humain.

La plus remarquable de ces occasions fut la bataille d'Arcole. Buonaparte l'a fait considérer long-temps comme un exploit qui devait lui faire beaucoup d'honneur; on va voir jusqu'à quel point cette prétention était fondée.

Alvinzy avait commis la même faute que Wurmser, en étendant sa ligne d'attaque depuis le Bas-Adige jusques aux gorges du Tirol. Il obtint cependant, dès le commencement, des succès importants, mais très chaudement disputés. On peut juger par les rapports de Buonaparte lui-même, des pertes que les deux partis firent dans les affaires de Saint-Michel, de Segonzano et de Caldiero, qui précédèrent la bataille d'Arcole. Ces combats multipliés présentent une des occasions où l'on peut le mieux apprécier les funestes résultats de cette guerre de mouvements, de postes et de colonnes, dont nous avons parlé. Voici les traits les plus remarquables des rapports : « Une nouvelle » armée se trouvant formée sous les ordres » d'Alvinzy, l'infériorité des Français ne tarda » pas de les forcer à se *concentrer*, à *aban-* » *donner* Trente, Roveredo, Bassano, Vicen- » ce, et à se *reporter* sur la ligne de l'Adige.

» Le 12 brumaire, le général Guieux par-

» vint, malgré une *très opiniâtre* résistance,
» à s'emparer de Saint-Michel ; mais le même
» jour les ennemis rendirent *nulle* notre atta-
» que sur Segonzano, et la 85ᵉ. demi-brigade y
» fut *maltraitée* malgré sa valeur.....

» Le 13, j'ordonnai qu'on recommençât
» l'attaque sur Segonzano, qu'il *fallait avoir*;
» et en même temps, instruit que l'ennemi avait
» passé la Piave et la Brenta, nous marchons à
» lui... *Il fallait l'étonner comme la foudre et*
» *le balayer dès son premier pas....* La journée
» fut *vive, chaude et sanglante* : l'avantage
» fut à nous....

» Le 13, l'ennemi avait attaqué Vaubois sur
» plusieurs points, et *menaçait de le tourner*,
» ce qui obligea ce général à *faire sa retraite*
» sur la Pietra.... Le 17, le combat fut *des plus*
» *opiniâtres*. Déjà nous avions enlevé deux
» pièces de canon et fait treize cents prison-
» niers, lorsqu'à l'entrée de la nuit une *terreur*
» *panique* s'empara d'une partie des troupes...

» Le 22, à la pointe du jour, nous nous trou-
» vâmes en présence; il fallait battre l'ennemi
» *de suite ;* nous l'attaquâmes avec intelligence
» et bravoure. Le succès était complet. Auge-
» reau s'était emparé de Caldiero, et Masséna
» de la hauteur qui tournait l'ennemi; mais la
» pluie qui tombait par seaux se change en

» une petite *grelasse* froide que le vent porte
» au visage des soldats, et favorise l'ennemi : ce
» qui, joint à un corps de réserve qui ne s'était
» pas encore battu, *lui fait reprendre la hau-*
» *teur.....* »

Après toutes ces attaques indécises, et qui n'avaient eu d'autre résultat qu'un grand nombre de morts et de blessés de part et d'autre, Alvinzy cherchait à se concentrer sur Vérone où il voulait se réunir aux divisions de son armée venues du Tirol, lorsque Buonaparte entreprit de se placer sur les derrières de son aile gauche, et marcha dans cette intention, avec la plus grande partie de ses forces, sur le village d'Arcole.

Ce village offrait une position extrêmement forte, au milieu de canaux et de marais impraticables. Le général Alvinzy venait d'y envoyer de nombreux renforts d'infanterie, et le seul point d'attaque était une digue et un pont très étroits dominés par des maisons que l'ennemi avait crénelées ; c'était par là seulement que l'on pouvait marcher à lui, et il fallait essuyer un feu terrible de mousqueterie et de mitraille. Alvinzy ne pensait pas sans doute qu'il pût être attaqué dans une telle position ; mais, s'il eût mieux connu Buonaparte, il aurait su que de pareils obstacles n'étaient pas de nature à l'arrêter.

Comme à Lodi, les généraux payèrent de leur personne, et les soldats furent entraînés par leur exemple. Cependant ils n'obtinrent pas le même résultat : trois fois ils revinrent à la charge, et trois fois ils furent repoussés avec une grande perte, jusqu'à ce que le général Guieux, qui était allé passer la rivière sur un autre point, pour tourner la position, eût paru sur la gauche d'Arcole, et se fût emparé de ce village, après une faible résistance. Ainsi fut démontrée trois fois l'inutilité des attaques de front, si terribles et si sanglantes !... Il est vrai que Buonaparte, comme à Lodi, voyant hésiter les troupes, donna lui-même l'exemple du courage, qu'il s'exposa au danger comme les autres généraux ; et en vérité il faut convenir que les voyant se dévouer avec tant d'intrépidité, que voyant ses soldats écrasés sous un feu si terrible, il ne pouvait pas faire moins. C'était encore bien évidemment par son imprudence et par sa cruelle obstination que tant de braves périssaient. La facilité avec laquelle Guieux s'empara du village en le tournant, est à cet égard une preuve sans réplique. Buonaparte le sentait si bien lui-même, que, dans son rapport au directoire, il cherche à s'excuser en disant qu'il eût été dangereux d'attendre plus long-temps. Mais n'est-il pas vrai que, malgré ses attaques meurtrières, il n'obtint de résultat que lorsque le mouvement de Guieux fut achevé ; que, selon ses propres expressions, ce *fut en vain* que tous les généraux se précipitèrent à la tête des colonnes pour les *obliger à passer le pont;* que la plus grande partie de ces généraux furent tués ou blessés, et qu'ainsi il eût fait beaucoup plus sagement s'il se fût borné, en attendant ce mouvement de Guieux, à de simples démonstrations.

De semblables trophées doivent-ils donc être considérés comme des victoires ? Et quel est le souverain qui permettrait à ses généraux un pareil abus de son autorité, un aussi cruel emploi de la valeur de ses troupes ? Sans doute que si le directoire n'eût pas dès-lors tremblé devant Buonaparte, ou si ce gouvernement n'eût point offert un amalgame ridicule d'avocats et de demi-savants, il eût traduit à l'instant même devant un conseil de guerre l'imprudent général ; et, son rapport à la main, des juges expérimentés l'eussent déclaré indigne de commander à de braves et utiles soldats!

Et ce qui est très remarquable, c'est que l'occupation d'Arcole, si chèrement achetée, ne fut pas décisive; l'ennemi, qui l'avait évacué devant le général Guieux, y rentra quelques heures après. Ce village fut pris et repris trois fois, jusqu'à ce que le succès restât définitivement aux Français. Il fallut ensuite faire beaucoup d'autres attaques non moins sanglantes, et manœuvrer pendant trois jours, avant que l'aile gauche des Autrichiens se retirât sur Vicence.

Pendant ce temps, le général Vaubois avait été battu à l'aile gauche par la droite des Autrichiens, venue des gorges du Tirol ; mais les avantages remportés sur le Bas-Adige ayant permis de porter sur ce point des forces plus nombreuses, les Français triomphèrent en même temps sur tout leur front.

Ce n'était cependant pas encore le dernier assaut que l'armée française dût essuyer avant la prise de Mantoue ; deux mois après la bataille d'Arcole, cette armée fut attaquée de nouveau par des forces plus nombreuses, venues en poste de l'Allemagne et de toutes les parties de la monarchie autrichienne.

Buonaparte, se trouvant pour la troisième fois dans une position à peu près semblable, montra pour la troisième fois la même présence d'esprit, et pour la troisième fois il se servit, à quelques circonstances près, des mêmes manœuvres contre les Autrichiens, qui commirent les mêmes fautes. Ayant à faire face en même temps du côté de la Romagne et de la Toscane, vers les gorges du Tirol et de la Brenta, sur le Pô et sur l'Adige; se trouvant enfin dans la nécessité d'observer et de contenir la place de Mantoue défendue par une armée, il voit tous les dangers auxquels il est exposé; mais en même temps il sent tous les avantages de sa position centrale, saisit rapidement le point sur lequel Alvinzy va faire ses plus grands efforts, et porte en conséquence la principale masse de ses forces sur Rivoli, où le général autrichien croyait ne rencontrer qu'une faible division. Cette direction imprévue, et surtout la bonne contenance des troupes françaises, déterminèrent la victoire; et la troisième armée autrichienne, après avoir été obligée de se replier sur la position de la Corona, après avoir été forcée dans cette position, en essuyant des pertes considérables, fut contrainte d'aller encore une fois se cacher dans les montagnes, et de renoncer à l'espoir de délivrer Mantoue.

Cependant un corps de dix mille hommes, sous les ordres du général Provera, était parvenu jusqu'aux portes de cette ville, et il se présenta successivement devant deux divisions françaises qui en formaient le blocus. Ces deux divisions le reçurent très bien, quoiqu'elles ne fussent pas prévenues de sa

marche, et qu'elles n'eussent à cet égard aucun
ordre ni aucune instruction; elles étaient commandées par les généraux Miollis, Serrurier et
Victor. Provera ne put les entamer, et Wurmser, qui fit une sortie pour seconder les mouvements de ce général, fut obligé de rentrer à
la hâte dans une ville dont la nombreuse garnison, manquant de vivres depuis long-temps,
était réduite à la dernière extrémité. Dès-lors,
abandonnée à elle-même, et sans espoir de secours, elle fut obligée de capituler. Ce fut
le 3o janvier 1797, que ce boulevard de l'Italie
se rendit aux Français, avec une garnison de
vingt mille hommes prisonniers de guerre (1).

Ainsi fut terminée une campagne beaucoup
plus glorieuse, mais aussi beaucoup plus meur-
trière que toutes celles qui l'avaient précédée.
Buonaparte y fit des choses véritablement extraordinaires, et l'on ne doit pas être étonné que
l'Europe entière en ait été frappée d'éton-
nement; aujourd'hui même on ne doit être surpris que de l'immense différence qui se trouve
entre Buonaparte général de la république,

(1) Ces vingt mille hommes furent renvoyés sur leur
parole, dans les états héréditaires où ils remplacèrent des
forces équivalentes qu'ils mirent ainsi à la disposition de
leur souverain.

en 1797, et Buonaparte empereur, commandant ses propres armées, en 1813. En vérité, je
ne puis comprendre comment l'homme qui a
été capable de pareils exploits dès le début de
sa carrière, a pu faire ensuite des fautes si
grossières, se livrer à des entreprises si ridicules. Et qu'on ne dise pas qu'il dut ces premiers succès à l'ignorance ou à la sottise de ses
adversaires; Beaulieu, Wurmser et Alvinzy
n'étaient point des généraux médiocres : tous
faisaient la guerre depuis long-temps. Wurmser était surtout un homme habile et d'une longue expérience; il disputa le terrain pied à pied,
et montra partout une grande résolution. La
faute la plus grave, et peut-être la seule qu'il commit, fut la source de tous ses malheurs; il for-
ma dès le début de son attaque deux lignes
d'opérations, d'abord séparées par le lac Garda, et ensuite par l'armée française qui se trouvait au milieu d'elles.

Alvinzy ayant ensuite été chargé de la même
opération, tomba dans la même faute; et il faut
avouer que Buonaparte sut également bien profiter de l'une et de l'autre de ces maladresses.
Mais de telles erreurs, tant de fois renouvelées,
ne semblent-elles pas avoir été attachées en quelque sorte au système des armées autrichiennes?
Daun et les alliés de l'Autriche en avaient

commis de semblables dans la guerre de
sept ans, et Frédéric sut toujours admirable-
ment bien en profiter. Laudon et Lascy sui-
virent quelquefois l'exemple de Daun, leur
maître, surtout dans leurs expéditions contre
les Turcs; mais, avec de tels ennemis, ils pouvaient, sans de grands dangers, diviser leurs
forces et commettre des fautes. Il n'en fut pas
de même au moment de la guerre de la révolution de France. Cependant les généraux français ne firent d'abord guère mieux ; et l'on n'a
pas oublié avec quelle ridicule emphase on se
flattait, à cette époque, de défendre, d'attaquer
en même temps sur tous les points à la fois,
d'opérer de si heureuses diversions ; de partir de différents points à une très grande
distance les uns des autres, pour se *donner en-*
suite la main, sur les flancs ou sur les derrières de l'ennemi.

Dumouriez donna le premier, en Cham-
pagne, un grand exemple de l'avantage de la
concentration des forces; et il fut bientôt imité
avec succès. Kléber, qui était en tout point un
grand capitaine, appelait la manie de diviser
les forces, et de vouloir tout attaquer et tout
couvrir en même temps, la *guerre des petits*
paquets ; il disait à ce sujet, avec beaucoup
de raison, que ce sont les *gros bataillons*
qui ont toujours raison.

Après la prise de Mantoue, Buonaparte se
trouva maître absolu de toute l'Italie; et il y
régna véritablement en souverain. Logé dans
les plus beaux palais, entouré d'une suite
nombreuse et d'un état-major brillant et dévoué, il ne se montrait qu'environné de tout
l'éclat du pouvoir; il ne commandait qu'avec le
ton d'un maître absolu. C'était ainsi qu'il recevait les envoyés des peuples et des rois; et c'était,
dès ce temps là, avec tout l'orgueil, avec toute
la ridicule hauteur dont il a si long-temps ac-
cablé, humilié le monde, qu'il répondait aux
malheureux obligés d'implorer sa puissance.
Ce dut être pour l'observateur un spectacle
bien curieux que celui d'un petit gentilhomme
corse se préparant ainsi à commander aux nations! Dès-lors il était deviné, cet homme qui
six mois auparavant avait déclaré que les Brutus et les Scipion seraient ses modèles; dès-lors
il n'avait point de masque, et l'on ne pouvait
plus se méprendre sur les projets de son ambition.

Persuadé que l'or et le fer doivent être les bases de toute espèce de puissance, Buonaparte
ne négligea rien pour établir la sienne sur ces
fondements indispensables. On a vu comment il
avait su se procurer une assez grande quantité
d'or : après avoir vendu la paix à tous les sou-

verains, il fit aussi payer aux républicains le
bonheur qu'il leur apportait, et les prépara
à soutenir le grand rôle auquel il les destinait.
Sa prévoyance se montra tout entière dans ses
premières déclarations ; et il est impossible de
méconnaître sa tendresse paternelle dans un
avis qu'il envoya alors au président du nouveau
congrès italien : « N'oubliez pas, écrivait-il à
» ce magistrat, que les lois sont nulles sans la
» force.... Vos premiers regards doivent se
» fixer sur l'organisation militaire.... Il ne
» vous manque que des bataillons bien aguer-
» ris.... etc. »

Vers le temps où ce nouveau Solon fondait
ainsi des républiques sur la force des baïon-
nettes, il voulut régir par les mêmes moyens la
république-mère. On se rappelle la lutte qui
s'était élevée entre le pouvoir exécutif et le
pouvoir législatif. C'était une véritable bonne
fortune pour Buonaparte que d'être ainsi placé
entre deux autorités rivales; il devait évidemment faire pencher la balance du côté de
l'autorité, ou plutôt de la faction à laquelle
il se réunirait ; il pouvait ainsi successivement les écraser toutes les deux. Le parti
du directoire était celui des révolutionnaires, et il était composé des mêmes hommes
qui s'étaient réunis à la convention au 13 ven-

démiaire (octobre 1795). Le choix de Buonaparte ne pouvait donc être douteux, et les directeurs durent compter sur lui. Son armée
était trop loin de Paris pour qu'elle prît une
part active à la révolution qui se préparait ; elle
pouvait cependant avoir sur les événements
une grande influence : le directoire fit tout
pour lui en donner; il fut en cela très bien se-
condé par le zèle de son général, depuis long-
temps impatient de régner ailleurs que dans
son armée, et de diriger d'autres affaires que
celles de son état-major.

On se rappelle les écrits qui vinrent à
cette époque à Paris, sous le nom d'*adresses
de l'armée d'Italie*. Il serait piquant de comparer aujourd'hui les principes et le style si ridiculement révolutionnaires de ces indécentes
philippiques, sorties notoirement des bureaux
de l'état - major de Buonaparte, avec le ton
grave et despotique qu'avait pris dans les derniers temps sa chancellerie impériale. Je ne
citerai qu'une phrase des adresses de 1797;
elle n'a pas besoin de commentaires, et il suffit
de dire que c'est aux représentants de la nation
qu'elle s'adressait : » Tremblez, vils soutiens du
» despotisme, réfractaires de la liberté, lâches
» assassins, sicaires royalistes : *nous vous
» avons jugés à mort!* » Ce jugement ne fut

que trop réel et trop cruellement exécuté ; la
plus saine partie des membres du corps législatif, les écrivains les plus distingués, les plus
courageux furent emprisonnés, déportés, et ils
allèrent subir dans les déserts de Sinamary
l'arrêt que Buonaparte avait fait l'injure à ses
soldats de prononcer en leur nom. Mais le directoire, qui avait si maladroitement provoqué
et sollicité cette dangereuse intervention des
soldats dans les affaires de la république, fut
à son tour victime de cette imprudence ; et
deux ans s'étaient à peine écoulés depuis la
catastrophe de fructidor (septembre 1797),
lorsque les directeurs furent eux-mêmes ren-
versés par celui qui avait paru les défendre
avec tant de désintéressement.

Le brave Pichegru, qui s'était si généreuse-
ment dévoué au rétablissement de la monarchie, cet homme vertueux autour duquel s'é-
tait réuni tout ce que la France comptait alors
de gens honnêtes et éclairés, fut une des principales victimes sacrifiées à la secrète jalousie
de Buonaparte ; et rien ne dut manquer au
triomphe de celui-ci, puisqu'il obtint la déportation du vainqueur de la Hollande.

L'armée française se trouvait dans la position
la plus brillante. Ses pertes avaient été réparées
par de nombreux secours envoyés de l'intérieur,

5

et par deux divisions venues des armées du Rhin, sous les ordres du général Bernadotte. Tous les germes d'insurrection étaient apaisés. Le pape venait d'être soumis à une nouvelle capitulation, et tous les autres petits états d'Italie étaient réellement tributaires de Buonaparte. Il était aisé de voir que, dans un pareil état de choses, ce général ne tarderait pas à profiter de tant d'avantages, pour achever la ruine de l'Autriche. Mais cette puissance n'avait pas encore perdu tout courage, et il lui restait des moyens de résister : tandis que ses armées avaient été battues en Italie, elles avaient triomphé en Allemagne; et le jeune prince qui avait obtenu des avantages si importants dans de pareilles circonstances, pouvait être opposé avec succès au général français. La résolution en fut aussitôt prise par la cour de Vienne, qui se décida à faire encore une fois, pour le salut de la monarchie, de derniers efforts et de derniers sacrifices; on ordonna de nouvelles levées; l'armée autrichienne fut mise sous les ordres de l'archiduc Charles, et elle reçut de nombreux renforts venus des bords du Rhin et de toutes les parties de la monarchie. Cette armée s'éleva bientôt à quatre-vingt mille hommes. L'armée française n'était pas plus nombreuse; mais ses soldats étaient plus forts et mieux aguerris ; tous faisaient la guerre depuis plusieurs années, et la plus grande partie des soldats autrichiens en étaient à leur première campagne.

Attaquée dès le commencement de février, dans les gorges du Tirol, et sur les bords de la Piave, l'armée autrichienne fut bientôt rejetée au-delà du Tagliamento, et l'archiduc Charles fit encore de vains efforts, le 18 mars, pour s'opposer au passage de ce fleuve. Les troupes françaises, se montrant toujours aussi braves que manœuvrières, écrasèrent les Autrichiens par la supériorité de leur feu, l'ordre et la célérité de leurs marches et de leurs déploiements. Mais leur perte fut considérable ; et il était impossible que cela fût autrement dans un passage de fleuve tenté encore une fois de front et de vive force sous le feu de batteries formidables et de toute l'armée ennemie, embusquée dans des retranchements sur la rive opposée. Le courage des Français fut donc encore dans cette journée au-dessus de tout éloge ; et il est bien vrai qu'il contribua à la victoire plus que toutes les combinaisons du général, puisqu'il n'y eut pas d'autre plan que de marcher droit à l'ennemi, ni d'autre calcul que d'attaquer en même temps et avec la même impétuosité par le centre et par les ailes.

.

Il était aisé de vaincre sans doute avec
de pareils moyens et d'aussi bons soldats.
L'archiduc fit beaucoup en ne se laissant
point entamer, en cédant le terrain sans pré-
cipitation ni désordre; mais non pas sans
faire des pertes inévitables, en se retirant
dans un pays coupé en tous sens par des
montagnes et des fleuves qui, s'ils aidaient
à couvrir sa retraite par des obstacles, la rendaient souvent dangereuse par l'impossibilité
où les divisions se trouvèrent presque toujours
de communiquer et de se réunir. Ces difficultés
étaient les mêmes sans doute pour l'armée
française; mais on sent combien un tel pays
dut offrir d'avantages à son chef, pour sa
guerre de colonnes et de mouvements. Ce fut
encore par la promptitude et la multiplicité de
ses marches et de ses contre-marches, par l'audace de ses attaques, qu'il défit, enveloppa
et réduisit à capituler des corps entiers à Gra-
disca, à la Chiusa et surtout à Tarvis, où Masséna eut à soutenir tous les efforts de la plus
grande partie de l'armée autrichienne, et où il
força à mettre bas les armes un corps entier
qui se trouva pressé entre sa division et celle
du général Guieux.

Cette guerre de mouvements et de sacrifices
continuels, cette méthode impétueuse et san-

guinaire, était tout-à-fait nouvelle pour l'archiduc; cependant Buonaparte n'en obtint
pas tout le succès qu'il pouvait en attendre, et
malgré les avantages partiels dont nous venons
de parler, sa position devenait plus difficile à
mesure qu'il faisait de nouveaux progrès. Parvenu en moins d'un mois des bords de la Brenta
à ceux de la Drave, il parut s'apercevoir que
tandis qu'il avait séparé et isolé ses forces par des
garnisons, des détachements et des escortes,
l'ennemi avait concentré les siennes; qu'au
moment où son armée allait manquer de vivres
et de munitions(1), les Autrichiens s'étaient rap-

---

(1) Tant que l'armée française n'eut qu'à parcourir
rapidement de fertiles contrées, elle ne manqua d'aucun moyen de subsistances. *La guerre nourrit* réellement
la guerre, et il importa peu que cette armée ne traînât
pas des approvisionnements à sa suite; sa marche n'en
fut que plus prompte et moins embarrassée. Mais lorsqu'elle eut pénétré jusqu'à trente lieues de Vienne, lorsqu'elle eut devant elle des forces nombreuses, et qu'elle
fut obligée de s'arrêter; lorsque ces forces, augmentant
chaque jour, menacèrent ses flancs et ses derrières;
lorsqu'enfin elle fut près d'être privée de toute espèce
de communications, son chef dut craindre qu'elle
n'expiât tant d'imprévoyance, et il dut enfin voir à quels
dangers il avait exposé ses soldats en les mettant ainsi
dans la cruelle alternative de rester en proie à toutes les

prochés de leurs magasins, qu'ils étaient au
centre de leurs ressources, et qu'en voulant

privations, ou de se livrer au plus odieux brigandage, et
de manquer à tout ce que les lois de l'honneur et de la
discipline prescrivent à de braves militaires.

Au reste, ce fâcheux exemple donné à cette époque
dans les armées françaises, n'a été que trop imité par tous
les gouvernements, et il est bien vrai que jamais la guerre
ne fut pour les peuples un plus terrible fléau. Depuis
plusieurs siècles les progrès de la civilisation et les rela-
tions du commerce avaient établi entre les différentes
nations de l'Europe des égards et des principes d'humanité dont on ne s'écartait pas même dans les guerres les
plus acharnées. C'était à ce gouvernement de *philosophes*, aux mêmes hommes qui avaient déclaré à la
face du ciel qu'ils renonçaient à toutes les conquêtes ; c'était enfin à ces déclamateurs hypocrites, qu'il
était réservé de donner à la guerre un caractère de fé-
rocité dont on ne trouve point d'exemples, si ce n'est
dans l'histoire des nations les plus barbares, ou dans
les annales des Romains, ces conquérants impitoyables,
qui, disposant sans pitié de la vie et des biens des
peuples vaincus, ne répondaient aux prières et aux larmes des victimes de leur brigandage que par le terrible
anathême, *Væ victis.*

On ne saurait trop déplorer cette malheureuse facilité de faire la guerre sans l'avoir préparée ; et de la
soutenir sans en supporter les dépenses; c'est une des
causes qui ont le plus contribué à la prolonger et à l'é-

frapper au cœur la monarchie autrichienne,
il allait peut-être en éprouver toute la force.

La gauche de son armée était restée fort en
arrière dans les montagnes du Tirol ; elle n'a-
vait pu s'avancer au - delà de Botzen et de
Brixen ; un grand nombre d'habitants de ce
pays s'étaient joints aux troupes autrichiennes ;
déjà ils avaient obtenu quelques succès sur des
postes de l'armée française, et ils menaçaient
à la fois ses flancs et ses derrières. Dans
le même temps, une violente insurrection

---

tendre. Par ce moyen, les gouvernements les moins riches
ont créé dans un seul jour de nombreuses armées , et
c'est ainsi que , semblables aux anciens peuples du Nord,
ils ont pu envahir, pour les dévaster, les contrées les
plus florissantes et les plus populeuses.

Lorsque Turenne a dit qu'il eût été embarrassé d'une
armée de plus de cinquante mille combattants, il songeait
sans doute à la difficulté de leur fournir des vivres, des
habits, des effets de campement, etc. , et il était aussi
effrayé des dépenses qu'exigent tous ces préparatifs que
des embarras qui en sont la suite dans les marches et
dans les batailles. Cet homme généreux ne pensait pas
sans doute qu'une armée de quatre cent mille hommes
pût être dispersée tout entière dans une malheureuse
contrée pour y chercher sa subsistance ; ce général pré-
voyant n'eût pas osé placer ainsi de braves soldats dans
la nécessité de se déshonorer par le pillage, ni dans
l'obligation de vaincre ou de mourir de faim.

avait éclaté dans les états vénitiens, sur les
bords du Mincio, et jusque dans Vérone où
des soldats français avaient été égorgés. Toutes
ces circonstances réunies rendaient de plus en
plus difficile la position de Buonaparte; et il est
évident que si la monarchie autrichienne cou-
rait de grands dangers, si sa capitale pouvait
être envahie, il pouvait aussi arriver que l'armée française succombât; il pouvait se faire
que sans moyens de réparer ses pertes, elle fût
accablée par des forces supérieures et sans
cesse renouvelées.

Le résultat d'une attaque simultanée, telle
que les Français venaient de l'exécuter avec
trois armées s'avançant en même temps sur le
Rhin, dans les montagnes du Tirol et dans les
gorges de la Carinthie et de la Styrie, devait
être de rejeter toutes les forces de l'ennemi sur
sa capitale; mais en l'obligeant ainsi à se concentrer tandis que les armées françaises restaient isolées et sans communications, n'était-
ce pas lui donner un grand avantage? Ces armées étaient à une énorme distance l'une de
l'autre; elles ne pouvaient se réunir qu'à Vienne, et jusque-là elles allaient être séparées par
cet immense intervalle, par une infinité de
fleuves, de montagnes et de positions occupées
par l'ennemi. Toute communication était donc

impossible. La ligne des Français était telle
que pour porter un avis de la droite à la gauche, il eût fallu faire trois cents lieues à travers l'Italie, le Piémont et l'intérieur de la
France!

Dans une telle position, on voit combien
il était à craindre que le jeune prince autrichien, entreprenant comme on l'avait vu
dans la campagne précédente, et d'ailleurs conduit par la nécessité du salut de sa patrie, n'attaquât l'une après l'autre les trois armées
françaises, et qu'il ne dirigeât successivement
sur chacune d'elles tous les efforts de la puissance autrichienne. C'était à peu près de là
même manière que Clerfayt avait triomphé
deux ans auparavant; et certes l'archiduc se
trouvait alors dans une position encore plus
favorable à la même manœuvre, puisque l'impatience de Buonaparte, ou plutôt la crainte
d'être prévenu par un rival, l'avait fait s'a-
vancer, s'isoler et s'exposer aux plus grands
dangers, avant même que les deux armées du
Rhin eussent commencé leur mouvement.

C'était donc évidemment son armée qui
eût été la plus compromise, si les hostilités
eussent continué, et si l'ennemi eût suivi un
plan qui lui était indiqué par sa position, par la
nécessité et par l'exemple de ses premiers
succès.

Cette position peut encore être comparée à celle où Buonaparte s'est trouvé en 1812, lorsqu'il pénétra jusqu'à Moscou, laissant sa droite sur le Dnieper et sa gauche sur la Dzwina. Si, en 1797, il eût fait sur Vienne la même pointe qu'il fit sur Moscou en 1812, il pouvait en résulter des malheurs aussi grands pour son armée.

Ce n'était certainement pas par les montagnes de la Carinthie et de la Styrie, que les Français devaient pénétrer à Vienne, et il eût été beaucoup plus simple et plus facile de diriger sur cette capitale les armées d'Allemagne, sous les ordres de Hoche et de Moreau ; elles eussent certainement rencontré moins d'obstacles ; mais Buonaparte n'était pas homme à se laisser devancer dans une aussi brillante entreprise, eût-il dû lui en coûter la moitié de son armée; et le directoire lui avait laissé prendre un trop grand empire, pour être en mesure de lui faire un pareil refus, lors même que les intérêts de la république et le salut de son armée pouvaient en dépendre.

Quoi qu'il en soit, on ne peut douter que les deux partis ne jouassent fort gros jeu. On sait que Buonaparte a bien des fois mis ainsi au hasard sa fortune et le sort de son armée. Cependant il fut moins aventureux dans cette occasion ; et il semble qu'il ait été dans les destinées de cet homme bizarre, de montrer plus de témérité et de folie, à mesure qu'il a dû être éclairé par une plus longue expérience : cette fois il parut sentir tous les dangers de sa position, et, contre toute attente, ce fut lui qui écrivit le premier à l'archiduc pour demander la paix.

Il est piquant de lire aujourd'hui la lettre qu'il adressa à ce prince; c'est peut-être de toutes les pièces de sa chancellerie celle qui est le mieux empreinte du ton d'inconvenance et de grossièreté qui l'a toujours distingué. Le général de la république débute par des interrogations; et il semble que l'archiduc soit un des compagnons de ses turpitudes révolutionnaires, qu'il rencontre dans un mauvais lieu, lorsqu'il lui adresse ainsi la parole : « Avons-» nous tué assez de monde? Avons-nous fait as-» sez de maux à la triste humanité? » Prenant ensuite un ton réservé, il s'apitoie avec plus d'hypocrisie sur des maux dont il est la principale cause, et qu'il eût pu faire cesser depuis long-temps « Si l'ouverture que » j'ai l'honneur de vous faire, écrit-il au prince » Charles, peut sauver la vie d'un seul homme, » je serai plus fier de la couronne civique que » j'aurai méritée, que de la triste gloire qui » peut revenir des succès militaires. »

Il est difficile de contenir son indignation, quand on songe que celui qui tenait alors un pareil langage, avait vu périr deux cent mille soldats sous ses ordres; quand on pense que c'est celui-là même dont la cruelle ambition a ensuite causé la mort de huit millions d'hommes (1).

La réponse de l'archiduc fut pleine de mesure et de sagesse. Ce prince fit sentir avec beaucoup de dignité au général républicain, que tout en désirant autant que lui la paix et le bonheur des peuples, il ne lui appartenait pas de terminer la *querelle des nations, et qu'il n'était muni d'aucun pouvoir de l'empereur son frère.* Il est bien sûr que Buonaparte n'avait pas plus de pouvoirs de la part du directoire; mais ce général avait dès-lors pris un tel ascendant sur ce faible gouvernement, qu'il décidait à son gré de la paix et de la guerre (2). Au reste, il ne faut pas l'accuser en

(1) Je donnerai à la fin de cet ouvrage un tableau exact et détaillé des victimes de l'ambition de Buonaparte.

(2) Le directoire envoya alors M. Botto auprès de son général, pour lui ordonner de suspendre ses négociations de paix. Buonaparte, après avoir écouté l'envoyé de son gouvernement avec beaucoup d'impatience,

cette occasion de l'usage qu'il fit de son autorité, puisque la paix en fut le résultat.

Les préliminaires de cette paix si long-temps attendue furent signés à Leoben, le 16 avril 1797. Les conditions ne pouvaient en être plus favorables à la France; et peut-être qu'il y eut dans ces conditions trop dures pour l'Autriche un germe fâcheux de prochaines hostilités : car le moyen le plus sûr de jouir long-temps d'un traité de paix, est, sans nul doute, d'y ménager les intérêts de tous les contractants. L'empereur perdit la Belgique et le Milanais, et par les articles secrets du traité de Campo-Formio, signé un peu plus tard, le vieil édifice de l'empire germanique fut attaqué dans ses bases; la plupart des états qui le composaient se trouvèrent dans la dépendance de la république française, par l'abandon que fit alors l'Autriche des places de Mayence, Manheim et Philisbourg. D'un autre côté, les Français donnèrent à cette puissance les places de Venise qu'ils occupaient, et même celles qu'ils se proposaient d'occuper.

Ainsi se termina cette étonnante campagne de treize mois, qui amena de si grands changements dans les affaires de l'Europe. Cette

---

répondit sèchement, qu'il *savait son affaire, et que les directeurs n'y entendaient rien.*

première époque de la carrière de Buonaparte
est sans aucun doute celle qui lui fait le plus
d'honneur ; c'est, pour me servir de ses propres expressions, le *piédestal* de sa gloire militaire. Cependant on a vu qu'il y commit plus
d'une faute, et qu'il y dut beaucoup au hasard,
à la faiblesse, à la timidité de ses ennemis, et
surtout à ce cruel mépris de la vie des hommes,
qui depuis a coûté au monde tant de sang et de
larmes ! Sa position l'obligea quelquefois à en
faire répandre sans qu'on puisse l'en blâmer ;
dans ce cas, je me suis abstenu de lui en faire
un reproche, et j'espère que, quelle que soit la
sévérité avec laquelle j'ai dû le juger dans quelques occasions, on trouvera que j'ai été également
ment impartial en louant ou en blâmant sa
conduite.

Les préliminaires de Leoben étaient à peine signés, que Buonaparte écrivit au doge de Venise : « Croyez-vous que quand j'ai pu por-
» ter nos armes au cœur de l'Allemagne, je n'au-
» rai pas la force de faire respecter ici le pre-
» mier peuple du monde ? Pensez-vous que
» nos braves légions puissent souffrir les mas-
» sacres que vous excitez ? Le sang de nos
» frères d'armes sera vengé..... je vous offre la
» guerre ou la paix. »

Les sénateurs vénitiens ne furent pas long-

temps dans cette alternative, car la terrible dé-
claration du général français leur était à peine
connue, que deux divisions de son armée pé-
nétrèrent dans leur ville, que le lion de Saint
Marc fut abattu, le doge et le grand conseil
remplacés par une municipalité, et qu'ainsi
tomba du premier coup cette antique république qui, au temps de la ligue de Cambrai,
avait tenu tête à l'Europe entière.

Buonaparte parut d'abord vouloir y fonder
une autre république, selon les *droits de l'homme*, et il n'oublia rien pour en inculquer dans
l'esprit des habitants les idées et les principes; il
s'occupa ensuite des objets de guerre, et quand
il eut vidé tous les arsenaux et tous les magasins, quand il eut fait partir les vaisseaux pour
le port de Toulon, quand il eut donné les plus
grandes espérances au parti révolutionnaire,
les états de la république de Venise furent im-
pitoyablement livrés par les républicains français aux commissaires de l'Autriche.

L'invasion de Venise fut alors la dernière opération de Buonaparte en Italie. Il donna encore
quelques soins à sa chère république cisalpine,
et il n'oublia rien pour laisser des souvenirs du-
rables dans le cœur de ses *enfants d'Italie*,
alors uniques objets de ses espérances et de ses
affections. Cette république était, ainsi qu'il le

dit lui-même au directoire, *un piédestal sur lequel devaient être placées les destinées d'une grande nation.* Ce langage était assurément fort clair; les directeurs le comprirent très bien, et dès ce moment la défiance fut à son comble. Cependant il fallait dissimuler, et lorsque le général vint à Paris s'offrir aux applaudissements de la république-mère, toute cette ville, et les directeurs eux-mêmes, montrèrent beaucoup d'empressement et firent paraître une très grande joie.

Il avait sans aucun doute obtenu de grands résultats; et, bien qu'avant son début dans la carrière, les armées françaises eussent déjà triomphé de leurs ennemis sur tous les points, il faut avouer que leur gloire fut portée sous son commandement à un degré de splendeur beaucoup plus élevé. Peu de personnes savaient ce que cette gloire avait coûté, et tous les Français étaient disposés à se prosterner devant la fortune et le génie du premier des généraux de la république. Ses exploits avaient en effet effacé tous les autres. Pichegru, ce héros si modeste, si vertueux, expiait dans les déserts de Sinamary, son attachement à la cause de son roi. Moreau avait fait de grandes choses, mais aucune de ses victoires n'avait eu l'éclat des conquêtes de l'Italie; il ne s'était même

fait remarquer que par des retraites, très
dignes sans doute d'être admirées par les con-
naisseurs; mais c'étaient des retraites, et de tels
exploits sont peu faits pour séduire les regards
de la multitude. D'ailleurs, Moreau avait été
l'élève et l'ami de Pichegru, et cette liaison l'a-
vait rendu suspect au parti révolutionnaire.
Ainsi la situation de ce général était pénible et
difficile; loin de pouvoir lutter avec Buonaparte, il avait beaucoup de peine à se soutenir. Hoche, d'un caractère plus ferme et plus
entreprenant, avait donné de l'ombrage au
directoire, et peut-être plus encore à Buonaparte dont il pouvait être le rival dangereux,
avec des services plus anciens, un plus grand
caractère et des talents plus positifs. On se rappelle la fin de ce général; le temps n'a pas encore fait connaître d'une manière précise l'auteur du crime par lequel il perdit la vie; on
sait seulement qui put désirer sa mort, et l'on a
vu à qui elle fut profitable.

Quoi qu'il en soit, Buonaparte était réellement, après sa campagne d'Italie, le premier général de la république, et il fut reçu
à Paris avec un véritable enthousiasme. Le
directoire parut donner lui-même l'impulsion
des applaudissements. Son arrivée fut en quelque sorte une entrée triomphale; il fut reçu en

grande pompe dans le palais du Luxembourg
par les directeurs assis sur leur trône, et la
rue qu'il habita dans la capitale reçut le nom
de *rue de la Victoire.*

Cependant les hommes sages, les véritables
amis de la France, ne pouvaient oublier les sacrifices et les larmes que ces triomphes avaient
coûté à leur patrie, et ils ne pouvaient se dissimuler tout ce qu'il devait lui en coûter encore. La république était devenue toute militaire; ce gouvernement de *philosophes* ne se
croyait plus en sûreté qu'au milieu de nombreuses armées; et la gloire de son général avait
encore besoin de la mort de plusieurs millions
d'hommes!

Les moyens de victoire étaient cependant
fort affaiblis; il s'était à peine écoulé trois
ans depuis que la convention avait eu à ses
ordres un million de soldats, depuis que le
comité de salut public s'était vanté avec tant
d'orgueil d'envoyer ses ordres à quatorze armées; et six de ces quatorze armées étaient
déjà passées en Italie, où elles avaient à peine
suffi pour remplir les vides; une grande partie
des autres avait péri en Hollande et en Allemagne, etc. Enfin il ne restait pas trois cent mille
Français sous les armes! Cependant il ne se faisait aucun recrutement, et le temps n'était

plus où l'enthousiasme révolutionnaire pouvait créer cent mille soldats en un jour. Mais puisqu'il fallait encore faire la guerre, puisque ces *philantropes* ne pouvaient plus exister qu'en envoyant à la mort deux ou trois cent mille hommes par an, il fallait bien songer aux moyens d'avoir des soldats. Si les *jeunes héros de la liberté* avaient été moissonnés, si *la terre n'en produisait pas de nouveaux*, ou du moins si les hymnes patriotiques ne les conduisaient plus sous les drapeaux de la république, il fallait bien les y attirer par d'autres moyens. Enfin il était aisé de voir qu'un pareil état de choses amènerait des mesures rigoureuses, et que bientôt on suppléerait à l'enthousiasme par la violence.

Ainsi se préparait la conscription militaire; ainsi la France était conduite à cette loi de sang et de larmes, à cet horrible fléau des familles et des peuples! Ce fut dans l'année qui suivit les conquêtes de Buonaparte, que l'on décréta la conscription, et que par elle tant de milliers d'hommes furent mis à la disposition d'un gouvernement qui, ne pouvant fournir à leur entretien, allait se trouver dans l'obligation d'*attaquer de toutes parts*, *à cause de l'embarras des finances*, *de la difficulté de nourrir les armées;* d'un gouvernement enfin qui allait

6..

bientôt *entreprendre la guerre pour faire ar-*
river en France les richesses de l'univers (1).

Les finances étaient réellement dans l'état le
plus déplorable; et malgré les énormes contributions levées en Allemagne et en Italie, malgré les spoliations et les emprunts forcés dans
l'intérieur et chez l'étranger, les troupes de
la république restaient souvent sans solde et
sans vêtement. La France, privée de tout commerce, était réduite aux produits de son sol; et
ces produits diminuaient de jour en jour par
l'excès des impôts, et les impôts eux-mêmes se
réduisaient à chaque instant par la misère publique et à mesure que les besoins du gouvernement allaient en augmentant par ses projets
et ses entreprises gigantesques.

L'Italie avait été ravagée dans tous les sens;
son commerce était anéanti et sans espoir de
se relever; tous ses ports étaient bloqués, et
cette malheureuse contrée jouissait, dans toute
sa plénitude, du bonheur d'être associée aux
destinées de la grande nation. Toutes les richesses d'un pays naguère si florissant, et qui

---

(1) Ces citations sont textuellement extraites, d'après
le *Moniteur*, de discours prononcés alors à la tribune
par des hommes de beaucoup d'influence, et fort à portée de connaître l'état des choses.

depuis plus d'un siècle était à l'abri des cala-
mités de la guerre, avaient disparu dans les
mains du général et dans celles du directoire; six
mois après, ce directoire ne payait pas la solde
de ses troupes, et il avait recours à des impôts
extraordinaires et à des emprunts forcés!

Buonaparte avait élevé la gloire des armées françaises; mais déjà il fallait de nouveaux soldats pour soutenir ce nouvel éclat;
chaque rapport de victoire avait été accompa-
gné d'une demande de nouveaux secours, et
les conquêtes de la république n'exigeaient pas
moins d'un renfort de trois cent mille hommes
pour être conservées! Tels sont les déplorables
résultats d'un système d'envahissement et de
guerre perpétuel. Victorieux, il faut que les
peuples fassent de nouveaux sacrifices pour
assurer leurs conquêtes ou en faire de nouvelles; vaincus, ils doivent au salut de la patrie leurs biens et leurs personnes. C'est ainsi
que pendant vingt ans, pressés tour à tour par
les exhortations de l'ambition ou de la crainte,
les Français ont été conduits à la dépopulation
et à la ruine de leur malheureuse patrie!

Toutes les puissances de l'Europe avaient
aussi beaucoup souffert; et aucune d'elles ne
devait être de long-temps à même de trou-
bler la paix, si la France eût voulu rester

dans cet état de calme et de modération
qui commande le respect sans inspirer l'inquiétude et la crainte; mais cette puissance créée
par la violence, ne pouvait plus exister que
par la force, et, comme on vient de le voir,
l'entretien de cette force exigeait sans cesse
de nouvelles attaques, de nouvelles invasions.

D'ailleurs, Buonaparte avait bu à la coupe
du pouvoir. Au milieu d'un état-major soumis
à ses moindres volontés, et environné de toutes
les séductions de la puissance souveraine, ce
général de la république avait réellement régné
en maître sur ses soldats et sur l'Italie subju-
guée. Le directoire n'osait plus lui envoyer des
ordres : c'était selon ses vues et selon ses projets qu'il établissait des contributions, qu'il
épargnait ou détrônait les souverains, qu'il faisait la paix ou la guerre!... A peine daignait-il
rendre compte des opérations les plus importantes!...

Les observateurs qui avaient prévu depuis
long-temps que la république tomberait un
jour par l'épée du plus audacieux de ses défenseurs, venaient de fixer leurs regards sur Buonaparte, et dès-lors ils le considéraient comme
le maître des destinées de la France. Le directoire, qui avait aussi deviné son général,
fut effrayé de sa présence à Paris; mais il n'osa

pas l'en éloigner par des ordres qui pouvaient
être rejetés. Tout ce que ce faible gouvernement put faire, fut de l'envoyer au congrès de
Rastadt, pour l'éloigner au moins pendant
quelques jours. Ce fut tout ce qu'il osa contre
un général que, dix-huit mois auparavant, il
avait fait sortir des derniers rangs de l'armée;
contre un homme dont il avait à peine osé
avouer la nomination!

On pense bien que Buonaparte ne se soumit
pas long-temps à la lenteur des formes diploma-
tiques. Ce n'était point ainsi qu'il voulait régler
le droit des nations; il ne fit que paraître au
congrès, et il revint à Paris, méditant des projets de guerre et d'usurpation.

Entraîné dès-lors par son aveugle fureur
contre la nation anglaise, il voulut l'attaquer
dans son propre pays, il se fit nommer général de l'*armée d'Angleterre;* et il alla parcourir les côtes de l'Océan, proférant dès-lors
contre les *tyrans des mers* les menaces et les
injures les plus grossières (1). Mais il s'aperçut

_____

(1) On ne peut douter aujourd'hui que la haine in-
sensée de Buonaparte pour la nation anglaise, n'eût pour
premier motif la protection si généreuse et si honorable
que cette nation accordait à la famille royale de France.
La pensée de son usurpation et l'instabilité de sa puis-

bientôt de l'impossibilité d'exécuter une telle
entreprise, et il conçut un plan encore plus

---

sance le poursuivaient sans cesse. Il défendit d'abord
aux Français de prononcer seulement le nom de Bourbon;
ensuite il prescrivit à ses journalistes de ne plus désigner
le Roi par le mot *prétendant*, et fit donner à ce prince le
nom de *comte de Lille*. Cet ordre fut suivi pendant
plusieurs années; mais qu'importait sous quel nom et
sous quel titre on désignât aux bons Français leur légi-
time souverain? Qu'importait de quelle manière ils
fussent informés de son existence, et de celle de son
auguste famille? Ils en entendaient parler; ils pouvaient
l'aimer en secret, et faire des vœux pour son retour.
Buonaparte s'en aperçut bientôt; il ordonna aux journaux de garder le silence le plus absolu sur tout ce qui
pouvait rappeler aux Français leur roi et sa famille. Cet
ordre a été exécuté, pendant huit ans, avec la dernière
rigueur; et pendant huit ans, un petit nombre seulement de fidèles sujets ont pu connaître les destinées de
leur Roi.

Mais tandis que la France, presque entière, vivait
dans cette ignorance, Buonaparte seul lisait les journaux
anglais; il se les faisait traduire chaque jour; et les
éloges que l'on y prodiguait aux princes français, les
vœux que l'on y faisait pour eux ne l'effrayaient et ne
l'irritaient pas moins que les épigrammes et les accusations dirigées contre l'usurpateur de leur trône. Il se livrait à chaque mot aux derniers emportements; et le lendemain la France apprenait sa colère par des notes aussi

gigantesque : ce fut de conquérir l'Asie, ou
tout au moins de la parcourir en maître et

---

grossières que ridiculement écrites, envoyées de sa main
au journal officiel, et que tous les autres journaux s'em-
pressaient de copier.

Buonaparte mettait plus d'importance aux attaques
des journalistes de Londres, et il en était plus irrité, plus
affligé, que de la perte d'une bataille, de la mort de vingt
mille de ses soldats! Les observations critiques des
journalistes anglais, sur sa conduite politique, furent,
en 1803, une des causes principales de la rupture du
traité d'Amiens. Il fit appeler M. de Withworth, et lui
exprima son mécontentement dans les termes les plus
inconvenants. L'ambassadeur ne put se charger de pour-
suivre les vengeances du consul, et il ne s'engagea pas à
prescrire aux journalistes anglais un silence que son maître lui-même n'avait pas droit de leur imposer. Buonaparte ne crut pas que de pareilles limites pussent être don-
nées au pouvoir royal; il ne garda plus de mesures, et trois
jours après ces explications, le traité de paix fut rompu.
La guerre la plus terrible et la plus sanglante recom-
mença. Cette guerre a duré dix ans; six millions d'hommes ont péri, toutes les contrées de l'Europe ont été
ravagées, ruinées; et Buonaparte lui-même a été renversé d'un trône qu'il a si long-temps déshonoré par ses
vices et ensanglanté par ses fureurs!..... A quoi tiennent
les destinées humaines! De quels moyens se sert la Pro-
vidence pour arriver à ses fins!.....

en dévastateur, sur les traces d'Alexandre ou de Tamerlan.

Le projet d'attaquer les Anglais dans l'Indostan, et le projet plus chimérique encore de réunir les deux mers en coupant l'isthme de Suez, fut évidemment mis en avant pour donner le change sur le véritable but de l'expédition. On a cru long-temps, d'après les insinuations des ennemis du directoire, que ce gouvernement, dans la crainte trop bien fondée sans doute que lui causait l'ambition de son général, avait imaginé cette entreprise pour l'éloigner; mais il est à présent bien démontré que c'est à Buonaparte lui seul qu'appartient une aussi ridicule conception. Soit que les directeurs fussent bien aises de l'éloigner, ou qu'ils ne se crussent pas assez forts pour lui résister, ils consentirent à tout; et Buonaparte mit à la voile dans la rade de Toulon, le 19 mai 1798, avec une flotte nombreuse, la seule qui restât à la France; un trésor considérable, pour lequel on avait achevé d'épuiser les caisses de la république; et enfin quarante-cinq mille hommes de troupes de débarquement, les meilleures de l'armée française. On verra plus tard de quelles conséquences fut pour la France la privation de pareilles ressources, et la perte d'aussi

grands moyens de faire la guerre, dans un moment où on la provoquait de toutes parts, et
lorsqu'on faisait tout pour la rendre universelle.

FIN DU PREMIER LIVRE.

www.ingramcontent.com/pod-product-compliance
Lightning Source LLC
Chambersburg PA
CBHW070856280326
41934CB00008B/1464